Al Weckert

Grundlagenseminar Gewaltfreie Kommunikation

D1994535

Ausführliche Informationen zu jedem unserer lieferbaren und geplanten Bücher finden Sie im Internet unter ↗ http://www.junfermann.de. Dort können Sie unseren Newsletter abonnieren und sicherstellen, dass Sie alles Wissenswerte über das Junfermann-Programm regelmäßig und aktuell erfahren. – Und wenn Sie an Geschichten aus dem Verlagsalltag und rund um unser Buch-Programm interessiert sind, besuchen Sie auch unseren Blog: ↗ http://blogweise.junfermann.de.

AL WECKERT

GRUNDLAGENSEMINAR GEWALTFREIE KOMMUNIKATION

ÜBUNGEN UND PRAXISTIPPS FÜR
TRAINER UND NEUEINSTEIGER – MIT DVD

Unter Mitwirkung von
Andrea Mergel und Verena Hutschenreuter

Junfermann Verlag
Paderborn
2016

Copyright © Junfermann Verlag, Paderborn 2016

Illustrationen Verena Hutschenreuter

Coverfoto © photographee.eu – fotolia.com

Covergestaltung / Reihenentwurf Christian Tschepp

Satz JUNFERMANN Druck & Service, Paderborn

Alle Rechte vorbehalten.

Das Werk einschließlich aller seiner Teile ist urheberrechtlich geschützt.
Jede Verwendung außerhalb der engen Grenzen des Urheberrechtsgesetzes ist ohne Zustimmung des Verlages unzulässig und strafbar. Dies gilt insbesondere für Vervielfältigungen, Übersetzungen, Mikroverfilmungen und die Einspeicherung und Verarbeitung in elektronischen Systemen.

Bibliografische Information der Deutschen Nationalbibliothek

Die Deutsche Nationalbibliothek verzeichnet diese Publikation in der Deutschen Nationalbibliografie; detaillierte bibliografische Daten sind im Internet über http://dnb.ddb.de abrufbar.

ISBN 978-3-95571-501-4

Inhalt

Vorwort

von Daniela Spring

Denken wir an revolutionäre Entdeckungen, fallen uns oft zuerst die spektakulären, lauten Erfindungen wie die der Dampfmaschine oder des Buchdrucks ein. Dann erinnern wir uns, dass Oma stets den Einzug der Waschmaschine lobte und sehen uns unsere erste E-Mail verschicken.

Aber sind es nicht eigentlich eher die unauffälligeren Dinge, die dafür sorgen, dass dauerhaft, produktiv und reibungslos gelebt und gearbeitet werden kann? Solche „Kleinigkeiten" wie Reißverschlüsse, Emulgatoren und Schmierstoffe?

Eine dieser kleinen, aber feinen Errungenschaften, die im wahrsten Sinne des Wortes auch für gute Bindung in Form von angenehmer, klarer Kommunikation sorgt, ist die GFK (Gewaltfreie Kommunikation). Nach jahrelanger Auseinandersetzung mit verschiedenen Theorien und Modellen zu Sprache und Kommunikation habe ich in der GFK zum einen eine großartige Kommunikationsmethode entdeckt. Zum anderen fand ich endlich Worte für meine innere Haltung und konnte diese anderen verständlich machen.

Nachdem ich selbst begeistert war, begann ich auch Freunden davon zu erzählen. Mal bei einem vertraulichen Gespräch unter vier Augen, mal auf einer Party. Das berührendste Erlebnis war sicherlich, dass es mithilfe der GFK gelang, eine Ehe im Freundeskreis zu retten, bei der die Frau bereits aus dem gemeinsamen Haus ausgezogen war …

Seit über zehn Jahren kann ich nun fast täglich die Wirkung der GFK erleben. In meinem Berufsleben moderiere ich zum Beispiel mit ihrer Hilfe Projekte, kläre (scheinbare) Konflikte mit Kunden, Kollegen und Mitarbeitern und führe hitzige Debatten zu einem guten Ende.

Als Leiterin einer Bildungseinrichtung ist es mir darüber hinaus ein besonderes Herzensanliegen, dass wir auch Inhalte vermitteln können, die nicht allein beruflichen Erfordernissen genügen, sondern die unsere Teilnehmer gleichermaßen persönlich weiterbringen. Aus dieser Perspektive sind Seminare zur GFK natürlich wahre Glückstreffer.

In Al Weckert und Verena Hutschenreuter haben wir zwei Menschen gefunden, die ihr Wissen mit sehr viel Herzblut, Engagement und persönlichem Einsatz vermitteln. Das Feedback ihrer Seminarbesucher gibt eindrucksvoll Zeugnis davon, dass die Teilnehmer bereits vor Ort beginnen, dass Gelernte – auch außerhalb der Seminarräume – umzusetzen, und den direkten Nutzen umgehend erleben.

Ob es die Einführung in die GFK ist, das Seminar „Tanz auf dem Vulkan" für eskalierende Konflikte, die Mediationsausbildung oder die Augen öffnende Mimikresonanz, es werden Haltung und Fähigkeiten vermittelt, die so praktisch sind wie Reißverschlüsse und Spülmittel.

So steckt in diesem Buch – wie auch in unseren Trainings – eine echte Unterstützung und Bereicherung für die zwischenmenschliche Kommunikation. Ich wünsche allen Lesern dieses Buchs von Herzen, dass sie die verbindende, wohltuende und anhaltende Wirkung der GFK kennenlernen und in ihr Leben integrieren können.

Daniela Spring

Diplom-Psychologin, Mediatorin,
Leiterin der „Akademie im Park" in Wiesloch

Vorwort

von Al Weckert

Das Pareto-Prinzip (auch 80-zu-20-Regel genannt) besagt, dass 80 Prozent der Ergebnisse von 20 Prozent des Energieeinsatzes ausgelöst werden. Diese Formel gilt auch für unser Denken, unsere Sprache und unser Einfühlungsvermögen. Eine Handvoll Grundgesetze der Kommunikation haben die Hauptbedeutung für die Qualität des zwischenmenschlichen Umgangs.

Einige Jahrzehnte lang hat sich der US-Amerikaner Marshall Rosenberg mit diesen Grundgesetzen beschäftigt. Er verdichtete seine Erkenntnisse zu einer prägnanten Kurzformel mit vier Schritten, deren Mittelpunkt die Wahrnehmung von Gefühlen und Bedürfnissen bildet. Nur wer Emotionen wahrnimmt und angemessen auf Gefühle eingeht, kann einen von Vertrauen geprägten Kontakt aufbauen. Nur wer die dahinter liegenden Bedürfnisse versteht und berücksichtigt, kann Konflikte überwinden und Verbindungen aufbauen, die von Zufriedenheit und Glück geprägt sind.

Die Wahrnehmung von Gefühlen und Bedürfnissen ist der Kompass, mit dem sich besagte 80 Prozent aller schwierigen Kommunikationssituationen bewältigen lassen. Rosenberg bezeichnet die konsequente Orientierung an diesem Kompass als „Haltung". Das Training dieser Haltung gelingt mit der Methode, die als Gewaltfreie Kommunikation (GFK) bekannt wurde und einen unglaublichen internationalen Erfolg verbucht. Auch für die Haltung der Gewaltfreien Kommunikation gilt wiederum die Pareto-Regel: Wer mit GFK wenigstens 20 Prozent seiner Empathiefähigkeit entfaltet, wird eine sofortige Verbesserung im Miteinander erleben.

Unter allen mir bekannten Kommunikationstrainings scheint die GFK das praktischste und hilfreichste zu sein. Deshalb verfolge ich seit vielen Jahren die Fragestellung: Wie kann ich schon mit einem einzigen Workshop ein klares Bild der GFK vermitteln und neue Teilnehmer dafür begeistern, sich auf die damit verknüpfte Haltung einzulassen?

Jahrelang habe ich in Großunternehmen Variationen meines Grundlagenseminars getestet. Weil Personalentwicklungsprogramme scharf evaluiert werden, musste ich überprüfbare Ergebnisse liefern. Ich habe Hunderte von Mitarbeitern und Führungskräften gefragt, welche Kommunikationssituationen für sie besonders herausfordernd sind. Dieses Buch und die zugehörige DVD entsprechen in ihrem Aufbau dem prototypischen Seminarablauf, den ich ausgehend von diesen Gesprächen entwickelt habe und dessen Wirksamkeit in einer wissenschaftlichen Begleitstudie eindrucksvoll nachgewiesen wurde.

Mir ist dabei aufgefallen, dass sich die Teilnehmer am schnellsten für GFK begeistern, wenn sie erleben, dass die Methode konkrete Antworten auf ihre Fragestellungen liefert und den Arbeitsalltag sofort positiv beeinflusst („Quick Wins"). Das ideale Konzept für ein Grundlagenseminar ergibt sich deshalb aus der Kombination sicher funktionierender, erlebnisreicher Übungen und hellwacher Aufmerksamkeit für die Anliegen der Teilnehmer. Fortgeschrittene Anwender lädt das vorliegende Buch deshalb dazu ein, im Bedarfsfall von den gefilmten und klar strukturierten Abläufen abzuweichen und die enthaltenen Übungen prozessorientiert neu zu gruppieren oder umzugestalten.

Buch und DVD beinhalten einige der beliebtesten und wirksamsten Basisübungen der Gewaltfreien Kommunikation. Die Filmsequenzen sollen Sie inspirieren, die Übungen in beruflichen oder privaten Umgebungen auszuprobieren. Ich hoffe, die Anleitungen sind so klar und verständlich beschrieben, dass der Funke überspringt. An vielen Stellen habe ich zusätzliche Tipps und Tricks im Text platziert, wie Teilnehmer und Trainer für einen möglichst offenen und ehrlichen Dialog sorgen können. Wertschätzender und respektvoller Austausch fördert die Bereitschaft der Gruppe, sich immer tiefer auf das GFK-Seminar einzulassen, um maximal davon zu profitieren.

Es ist ein Traumjob, Menschen bei der Weiterentwicklung und Festigung ihrer individuellen Empathiefähigkeit begleiten zu dürfen. Obwohl ich heute überwiegend mit der Entwicklung neuer und komplexer Ausbildungsprogramme („Empathic Leadership") beschäftigt bin, werde ich an diesem Grundlagenseminar stets weiterfeilen. Daher freue ich mich auf Ihre Rückmeldung. Schreiben Sie mir Ihre Erfahrungen an al.weckert@empathie.com. Bis dahin wünsche ich Ihnen bestmögliches Gelingen!

Ihr Al Weckert

www.empathie.com

P. S. Während ich in diesem persönlichen Vorwort meine persönliche Meinung kund tue, bildet der weitere Buchverlauf die Ansichten des gesamten Trainerteams ab. Wenn ich im Folgenden also von „wir" spreche, sind damit die im Film mitwirkenden Trainer Al Weckert, Verena Hutschenreuter (die übrigens auch die wundervollen Flipchart-Motive beigesteuert hat) und Andrea Mergel gemeint.

Das DVD-Logo am Beginn der einzelnen Kapitel in diesem Buch verweist auf das jeweilige Kapitel des Films auf der beiliegenden DVD.

Im Text werden männliche oder weibliche Bezeichnungen für Personen verwendet. Das jeweils andere Geschlecht ist immer mitgemeint.

Über Marshall B. Rosenberg

Seit über zehn Jahren steht das Buch *Gewaltfreie Kommunikation. Eine Sprache des Lebens* von Marshall B. Rosenberg an Platz 1 der Amazon-Charts „Konfliktmanagement“, „Kommunikation“ und „angewandte Psychologie“. Drei Viertel aller Personalabteilungen halten GFK für eine besonders geeignete Methode zur Personalentwicklung. GFK-Seminare schießen allerorten aus dem Boden. Wer ist der Mann, der eine solch bahnbrechende Methode bekannt machte?

Marshall B. Rosenberg hat sich niemals offiziell autobiografisch erklärt. Es gibt keine Begleiter, die von Anfang bis in die Gegenwart Zeugnis ablegen könnten. Wer etwas Genaueres über Marshall B. Rosenberg erfahren möchte, muss seine Geschichte aus Interviewfundstücken, Doktorarbeiten und Filmmitschnitten rekonstruieren. Sie kann als ein Spiegel der Zeit und der kulturellen Umbrüche von den 1950er-Jahren bis heute gelesen werden. Es entsteht das Bild von einem Mann, der sein Innerstes nach außen kehrte, den Ursachen von Schmerz und Leid nachging und seine ganze Energie dafür einsetzte, eine für jedermann umsetzbare Sprache der Einfühlsamkeit und einen allgemein verständlichen Prozess der Mitmenschlichkeit zu entwickeln.

Man muss keiner Religion angehören, keinem Club beitreten und sich keiner Rasse oder Schicht zugehörig fühlen, um Gewaltfreie Kommunikation erfolgreich anzuwenden und zu schätzen. Ihre Anschlussfähigkeit verdankt sie der Offenheit Rosenbergs, der sich als nicht praktizierender Jude oft „fremd im eigenen Land“ fühlte. In seiner Schul- und Universitätszeit wurde Rosenberg für seine Religionszugehörigkeit geschlagen und bestraft. Geboren 1934, wurde er im Jahr 1943 Zeuge von Rassenunruhen vor der eigenen Haustüre, die Dutzende Menschen das Leben kosteten. Schon als Kind begann Rosenberg darüber nachzudenken, was Menschen gewalttätig werden lässt.

Andererseits erlebte er Vorbilder, die in einer Umgebung von Armut und Kriminalität ein überwältigend empathisches Miteinander kultivierten. Seine Großmutter nahm Obdachlose zu Hause auf, sein Onkel genoss großes Ansehen als Apotheker in einer andersfarbigen Nachbarschaft, seine Mutter pflegte sterbende und schutzlose Angehörige in der eigenen Küche. Als Heranwachsender stellte sich Rosenberg deshalb eine zweite Frage: Warum gelingt es einigen Menschen, auch unter härtesten äußeren Bedingungen einfühlsam und mitmenschlich zu bleiben?

Die entscheidende Wende im Leben Rosenbergs lösten Begegnungen mit Michael Hakeem und Carl Rogers während des Psychologie-Studiums aus. Der psychiatriekritische Soziologe Hakeem forderte Rosenberg auf, bei der Diagnose und der

Behandlung seiner Patienten die gesellschaftlichen Umstände stärker zu beachten. Er ermutigte Rosenberg, den Zusammenhang von Denkprozessen, Werturteilen, Sprache und der Anwendung gesellschaftlicher Macht zu analysieren. Rosenberg entwickelte sich daraufhin zu einem der Pioniere der Familientherapie.

Der Psychologe und Psychotherapeut Carl Rogers („Vater des Aktiven Zuhörens") bezog Rosenberg in seine Forschungen zur Wirksamkeit von Therapie ein. Dort lernte Rosenberg die hohe Bedeutung von Empathie, Aufrichtigkeit und menschlicher Gleichwertigkeit im Arzt-Patientenverhältnis zu schätzen. Ein Zitat von Joseph Conrad gab den letzten Anstoß: „Don't cure us, teach us how to live" (Heile uns nicht, sondern lehre uns zu leben).

Durch das Studium der vergleichenden Religionswissenschaften inspiriert, verfolgte Rosenberg ab Mitte der 1960er-Jahre drei zentrale Fragen:

- Was ist der Sinn des Lebens?
- Welche Fähigkeiten braucht es, um diesem Sinn gerecht zu werden?
- Wie unterrichte ich die Menschen darin?

Aus diesen Fragen ging die Methode der GFK hervor, in deren Mittelpunkt Empathie und ein bedürfnisorientiertes Zusammenleben stehen. Rosenberg formte seine Trainings nach dem Vorbild des brasilianischen Pädagogen Paulo Freire, der in Südamerika erfolgreiche Alphabetisierungskampagnen für bildungsferne Schichten leitete. GFK kann also als „Hilfe zur Selbsthilfe" verstanden werden – ein einfaches Kommunikationswerkzeug, das Menschen befähigt, ihren Gefühlen und Bedürfnissen selbstständig Ausdruck zu verleihen und anderen mit Einfühlsamkeit und Verständnis zu begegnen.

Rosenberg warf Ende der 1960er-Jahre seine erfolgreiche bürgerliche Karriere als Psychotherapeut und Spezialist für Lernstörungen hin, um sich 20 Jahre lang in vielfältiger Weise und zeitweilig ohne jede finanzielle Mittel der Ausdifferenzierung seiner Methode zu widmen. Bereits die erste Auflage seines Buches *Nonviolent Communication* im Jahr 1983 führte zu internationaler Beachtung, zur Gründung des „Center for Nonviolent Communication" (CNVC) und dem Aufbau eines internationalen Trainernetzwerks. 1985 besuchte Rosenberg auf Einladung einer regionalen Friedensinitiative (aus der das GFK-Netzwerk München hervorging) erstmals Deutschland.

In den darauffolgenden Jahren befand sich Marshall B. Rosenberg auf einer scheinbar niemals endenden Workshop-Tour über alle Kontinente. 2011 setzte er sich aufgrund gesundheitlicher Probleme im Alter von 77 Jahren zur Ruhe. Er verstarb am 7. Februar 2015 in Albuquerque (New Mexico, USA) im Kreis seiner Familie und Freunde. Seine zahllosen Auftritte wurden mannigfach auf DVD dokumentiert.

Gewaltfreie Kommunikation

Dieses Buch beschreibt ein dreitägiges Grundlagentraining für Gewaltfreie Kommunikation (GFK). Die Gewaltfreie Kommunikation wurde in den 1970er-Jahren von dem US-Amerikaner Marschall B. Rosenberg entwickelt, um Menschen zu einer einfühlsamen und authentischen Kommunikationsweise zu befähigen. Im Kern geht es um das Verstehen eigener und fremder Bedürfnisse. Gewaltfreie Kommunikation trägt zur kontinuierlichen Entfaltung der eigenen Empathiefähigkeit bei. Sie kann das persönliche Wohlbefinden über den Weg der Einfühlung in sich und andere enorm bereichern.

Das Konzept der Gewaltfreien Kommunikation basiert auf drei Säulen:

- einfühlsames Zuhören
- Selbstempathie
- achtsamer und authentischer Selbstausdruck

Über den Weg der Selbstempathie erspüren wir unsere Gefühle und Bedürfnisse. Wir finden Zugang zu unserem inneren Kompass und treffen Entscheidungen, hinter denen wir voll und ganz stehen. Durch das Training einer achtsamen Sprache lernen wir uns klar auszudrücken, ohne andere anzugreifen oder zu verletzen. Das Bewusstsein über unsere Bedürfnisse verhilft uns zu einer authentischen und friedfertigen Form der Selbstbehauptung. Durch empathisches Zuhören lernen wir, unsere Umwelt zu verstehen und Verbindung zueinander aufzunehmen. Nichts wirkt deeskalierender als tiefes gegenseitiges Verständnis. Erst durch einfühlsames Zuhören entstehen das nötige Vertrauen und die Flexibilität, um Konfliktrisiken in Konfliktchancen zu verwandeln.

Das spezielle Verdienst Rosenbergs liegt in der Klarheit seiner Methode. Im Mittelpunkt der Gewaltfreien Kommunikation stehen vier einprägsame Schlüsselunterscheidungen:

1. die Unterscheidung zwischen Beobachtungen und Bewertungen
2. die Unterscheidung zwischen Gefühlen und Schuldzuweisungen (Pseudogefühlen)
3. die Unterscheidung zwischen Bedürfnissen und Strategien zur Befriedigung von Bedürfnissen
4. die Unterscheidung zwischen Bitten und Forderungen

Die uralte spirituelle Weisheit dieser Unterscheidungen hat Marshall B. Rosenberg in eine Form gebracht, die für Menschen jeden Alters und jeden Bildungsgrads verständlich ist. Rosenberg hat sich diese Vorgehensweise bei dem lateinamerikanischen Bildungspolitiker Paulo Freire abgeschaut, um größtmögliche Wirksamkeit zu erreichen. Bei ausreichendem Training und regelmäßiger Selbstreflexion wird aus der „Kommunikationstechnik GFK“ eine empathische Grundhaltung. Haltung ist immer mit einer bewussten Entscheidung verknüpft, auch in schwierigen Situationen zunächst fühlen und verstehen zu wollen. Gewaltfreie Kommunikation funktioniert demnach als „Alphabetisierungskampagne“ für empathische Kommunikation und Achtsamkeit im zwischenmenschlichen Umgang.

Gewaltfreie Kommunikation in Deutschland

Im Jahr 2001 entwickelte sich GFK in Deutschland durch die Veröffentlichung des Bestsellers *Gewaltfreie Kommunikation. Eine Sprache des Lebens* von Marshall B. Rosenberg vom Geheimtipp zum Top-Trend der angewandten Psychologie. Mit einem Schmunzeln darf man auf das Jahr 1985 zurückblicken, als ein einsamer Flyer Rosenbergs den Weg über den Ozean bis zur Übungsgruppe „Friedenserziehung München" fand. Die versammelten Frauen und Männer probierten GFK auf Basis der darin enthaltenen minimalen Beschreibungen aus. Der dabei entstandene Frust konnte erst mit einer Deutschland-Reise Rosenbergs aufgelöst werden.

Heute gibt es in in jeder größeren deutschsprachigen Stadt GFK-Übungsgruppen und Workshop-Angebote. Organisatorisch wird das Training der Gewaltfreien Kommunikation durch zwei unabhängige Verbände begleitet. Die Organisation „Center for Nonviolent Communication" (↗ http://www.cnvc.org) mit Sitz in Albuquerque (Kalifornien) leitet seit 1984 die weltweite Ausbildung und Zertifizierung von GFK-Trainern nach den Standards Rosenbergs. Sie wird von einem Team einheimischer Assessoren unterstützt, die den Zertifizierungsprozess in Deutschland begleiten (http://www.gfk-trainer-werden.de). 2011 gründete sich der Fachverband Gewaltfreie Kommunikation e.V. (↗ http://www.fachverband-gfk.org), der ein eigenes Anerkennungsverfahren für Trainer betreibt.

Darüber hinaus existieren zahlreiche unabhängige GFK-Regionalgruppen, der D-A-CH-Verband deutsch sprechender Gruppen für Gewaltfreie Kommunikation e.V. (↗ http://www.gewaltfrei-dach.eu), ein Verzeichnis für Trainerinnen, Seminare und Kongresse (↗ http://www.gewaltfrei.de), eine XING-Gruppe Gewaltfreie Kommunikation (GFK) und diverse Yahoo-Gruppen für GFK-Trainer und Übende.

GFK lernen – wo und wie?

Wer GFK kennenlernen will, besucht entweder ein GFK-Grundlagenseminar, eine berufsbegleitende GFK-Jahresausbildung oder eine Mediationsausbildung, die auf GFK basiert. Grundlagenseminare dauern in der Regel zwei bis drei Tage. Diese Zeit ist notwendig, um die wichtigsten Schlüsselunterscheidungen zu verstehen und ein Gefühl für deren Anwendung zu erlangen. Weil sich eine Haltung nicht auf Knopfdruck ändert, sind berufsbegleitende Jahresausbildungen ein noch effektiverer Weg, um Authentizität, Achtsamkeit und Einfühlsamkeit zu entwickeln. Die Angebote variieren dabei zwischen 15 und 21 Tagen. Wer noch tiefer einsteigen will, kann sich einer regelmäßigen GFK-Übungsgruppe anschließen, ein International Intensive Training (IIT), einen Kongress oder eines der zahlreichen Aufbauseminare mit internationalen Gästen und Spezialthemen der GFK besuchen. Eine weitere hervorragende Lernmöglichkeit sind GFK-basierte Mediationsausbildungen. Dabei schlagen Sie sogar gleich zwei Fliegen mit einer Klappe: Gewaltfreie Kommunikation und professionelle Konfliktklärung.

Seminargestaltung

Kennen Sie diesen Moment? Sie betreten einen Seminarraum, kennen noch niemanden und spüren eine Unsicherheit, die Sie sogar körperlich wahrnehmen können. Ihre Blicke tasten den Raum ab, Sie suchen nach einem Sitzplatz als festen Orientierungspunkt und nach Menschen, deren Verhalten Ihnen Hinweise auf Abläufe, Erwartungen und Möglichkeiten der ersten Kontaktaufnahme bietet.

Nicht in der Begrüßungsrunde, sondern genau jetzt fängt der Workshop an. Er beginnt in dem Moment, in dem Trainerteam und Veranstalter die Bedürfnisse wahrnehmen, die Neuankömmlinge mit in den Raum bringen. Mit einem herzlichen Händedruck, dem Austausch des Namens und einer kurzen Nachfrage, ob es etwas gibt, was man zum Wohlbefinden des anderen beitragen kann, verändert sich das Raumklima in Richtung eines vertrauensvollen Miteinanders.

Stimmungsabfragen

Wir starten Seminare nie mit Inhalten oder organisatorischen Themen. Wir eröffnen die Zusammenarbeit mit einer Stimmungsabfrage: „Wie geht es Ihnen jetzt in diesem Augenblick?“ Dabei schicken wir ein Symbol auf die Reise, das anzeigt, wer gerade spricht.

Stimmungsabfragen wiederholen sich im Verlauf des Seminars. Dahinter steckt die Absicht, Achtsamkeit im Umgang mit eigenen und fremden Gefühlen zu entwickeln. Die Teilnehmer lernen, Empfindungen deutlich wahrzunehmen und offen zu artikulieren. Bereits bei der zweiten oder dritten Wiederholung (mittags, abends oder am nächsten Morgen) ergänzen wir die Abfrage um einen neuen Aspekt: „Gibt es etwas, was Sie brauchen, um sich wohlzufühlen und sich ganz auf das Seminar einzulassen?“ Diese Fragestellung ermutigt die Teilnehmer, ihre Bedürfnisse auszusprechen. Schon nach kurzer Zeit entsteht in der Gruppe Offenheit, Vertrauen, Verbindung und zunehmendes Wohlgefühl.

Überblick und Vorausschau

Nach der Begrüßung und der Stimmungsabfrage stellen wir Veranstalter, Seminarort, den Ablauf und unsere Didaktik vor. Diese Informationen geben den Teilnehmern Orientierung und Sicherheit. Unser Gehirn mag es, wenn es eine geistige Landkarte anlegen kann, deren Bereiche es Stück für Stück verbindet und mit Details füllt. Stellen Sie sich diesen Prozess wie einen Hausbau vor. Der nächste Baustein muss immer auf einem anderen Stein aufliegen können, sonst fällt er ins Nirgendwo oder entwickelt sich zur Stolperfalle.

Beim Ablaufplan unterstützt Visualisierung den inhaltlichen Transfer. Während die Teilnehmer noch unter der Nervosität des Ankommens leiden, finden sie auf einem Flipchart den gewünschten Halt. Wichtige logistische Informationen verteilen wir als Handout, das erspart viele Nachfragen.

Tagesstruktur und Lernmaterialien

Das auf der DVD vorgestellte Training folgt einer klaren Ablaufstruktur. Der Tag beginnt mit einer Einstimmung auf das Seminar (eine Achtsamkeitsübung, eine Meditation, eine körperliche Aktivierung oder eine unterhaltsame Auffrischung der Inhalte des Vortages). Nach höchstens 90 Minuten Seminarzeit findet eine längere Erholungspause statt. Vor dem Mittagessen fragen wir die Teilnehmer nach ihrer Stimmung und nach offen gebliebenen Bedürfnissen. Die Mittagspause von 90 Minuten dient dem Abschalten, dem Verarbeiten und dem Energietanken. Auf die Mittagspause folgte eine Aktivierung, um kraftvoll weiterlernen zu können. Der Tag schließt mit einer Feedbackrunde, einer Reflexion oder einem weiteren Stimmungsbild.

Zwischen diesen Strukturelementen haben die Theorie-Impulse und die vom Trainerteam begleiteten Übungen ihren Platz. Wesentliche Moderationsinhalte werden auf einem Flipchart-Plakat zusammengefasst. Zu den Übungen wird ein Handout mit einer Anleitung verteilt. In unserem Fall ist dies manchmal nicht mehr nötig, weil die Teilnehmer eines unserer Bücher als Seminarunterlage überreicht bekommen, das die Übungen bereits beinhaltet.

Das Namensspiel

Nichts hört der Mensch so gern wie seinen eigenen Namen. Viele Teilnehmer berichten trotzdem von Seminaren, in denen sie sich die Namen der anderen Teilnehmer bis zum letzten Tag nicht merken konnten (manchmal kannten nicht einmal die Trainer die Namen auswendig). Deshalb veranstalten wir nach der ersten Stimmungsabfrage und dem organisatorischen Teil immer ein Namensspiel. Wir haben schon sehr oft das Feedback erhalten, dass sich Teilnehmer in unserem Seminar zum ersten Mal die Namen aller Teilnehmer merken konnten.

Das Namensspiel entfaltet schon in der ersten Pause seine subtile Wirkung. Es vereinfacht die Kontaktaufnahme. Es führt zu mehr Offenheit gegenüber Neuankömmlingen. Es vermittelt gegenseitige Wertschätzung und fördert den Gruppenzusammenhalt.

Abmachungen zum sicheren Rahmen

In unseren Seminaren arbeiten wir mit echten Teilnehmeranliegen. Wir glauben, dass nur die Arbeit mit eigenen Anliegen die Wirksamkeit und Kraft von Gewaltfreier Kommunikation voll erfahrbar macht. Es ist für Teilnehmer ein bewegendes Erlebnis, wenn durch einen GFK-Einfühlungsprozess der eigene Standpunkt und die aktuellen Handlungsoptionen klarer werden. Teilnehmer-Feedbacks bestätigen, dass die frisch entflammte Begeisterung für GFK meistens mit der Erfahrung verknüpft ist, dass authentische Empathie-Prozesse zu einer inneren Befreiung und zu einer intensiven Verbindung zwischen Menschen führen.

Um die Arbeit an eigenen Themen zu ermöglichen, treffen wir mit den Teilnehmern Abmachungen, die einen sicheren Rahmen bezüglich der Zusammenarbeit gewährleisten. Diese Abmachungen umfassen Absprachen zur Verschwiegenheit, zu Gesprächsregeln und zur Übernahme von Verantwortung für das eigene Handeln und das Ansprechen eigener Bedürfnisse. Sie werden als Arbeitsblatt ausgeteilt, besprochen und durch ein Nicken von den Teilnehmern akzeptiert. Gelegentlich werden sie auch diskutiert, verändert und in modifizierter Form beschlossen.

Einstimmungen, Aktivierungen und Pausen

Auch beim Lernen möchten Geist und Körper mit ihren speziellen Bedürfnissen wahrgenommen und versorgt werden. Als Trainerteam behalten wir die Ressourcen der Teilnehmer im Blick. Deshalb sind Einstimmungen, Aktivierungen und Pausen für uns wichtige Prozesselemente.

Über die Jahre haben wir mit vielen unterschiedlichen Arten von Einstimmungen experimentiert. Achtsamkeitsübungen schärfen die Wahrnehmung der Teilnehmer für den aktuellen Moment (dadurch können sie zum Beispiel die Hektik der Anreise hinter sich lassen). Die Wiederholung von GFK-Basisübungen zur Selbstreflexion (zum Beispiel GFK-Tanzparkett, Celebration of Life oder aktives Zuhören mit GFK) bietet den Teilnehmern eine Möglichkeit zur Vertiefung des Erlernten und zur Verarbeitung tagesfrischer Erlebnisse. Körperliche Einstimmungen (Atemübungen, Selbstmassage oder Walking Meditation) bringen Teilnehmer in den Kontakt mit sich selbst. Entspannungsübungen (Body Scan, autogenes Training oder geführte Phantasiereisen) lösen Stress. Das Trainerteam entscheidet spontan, welche Übung am besten passt.

Für die über das ganze Seminar verteilten Theorie-Inputs gilt die Faustregel: Nach ca. 20 Minuten lässt die Aufmerksamkeit der Zuhörer nach. Wenn wir spüren, dass eine Gruppe müde ist, bauen wir Übungen, Aktivierungen oder Pausen ein. Moderationsmarathons und zu knappe Pausenintervalle (gängige Praxis in vielen Fortbildungen) halten wir für ineffektiv. Ausreichend lange Pausen sind nötig, um das Erlernte zu verdauen und genügend frische Energie für neue Empathie-Prozesse zu speichern. Unsere Formel lautet: Knackigen Theorieimpulsen folgen Phasen des Ausprobierens, des Übens, des Reflektierens und ausreichend lange Erholungspausen.

Aktivierungen führen der Gruppe neue Energie zu. Sie sind mit körperlicher Bewegung und oft auch mit Humor verbunden, damit der Geist entlastet und der Organismus in Schwung gebracht wird. Lachen ist mit tiefen Atemzügen verbunden, schüttet positive Körperchemie aus und bringt den Kreislauf auf Touren. Manchmal lassen sich auch GFK-Lernprozesse mit Spiel und Spaß kombinieren (in diesem Buch stellen wir zum Beispiel die Übung „Bedürfnis-Scrabble“ vor).

Äußerer Rahmen

Mit der Zeit haben wir gelernt, dass auch der äußere Rahmen das Gelingen des Lernprozesses beeinflusst. Wir bevorzugen große, helle Seminarräume, die bereits auf der Symbol-Ebene Raum für Entfaltung bieten. Besonders geeignet sind Tagungshäuser mit Anbindung an Parks oder Gewässer, die zu Kleingruppenarbeit im Freien und Erholung an der frischen Luft einladen. Wir setzen hochwertiges Seminarmaterial ein, damit die Teilnehmer den Schaffensprozess als leicht und freudvoll erleben. Die Akademie im Park, deren Räumlichkeiten Sie auf der DVD kennenlernen, ist ein solcher Partner, der unserem Anspruch an hohe Ausstattungsqualität und Service zuverlässig entspricht.

Die Teilnehmer arbeiten abwechselnd im Seminarraum (Plenum), in Kleingruppen und an der frischen Luft, sodass Langeweile und körperliche Ermüdung vermieden werden. Mehrere Kleingruppenräume gewährleisten, dass die Dreier-, Vierer- oder Fünfer-Gruppen in Ruhe arbeiten und individuell vom Trainerteam betreut werden können.

Mit den Jahren ist für uns ein passendes zahlenmäßiges Verhältnis zwischen Trainern, Teilnehmern, Kleingruppenräumen und Assistenten immer wichtiger geworden. Für Basis-Seminare empfehlen wir Obergrenzen von 12 bis 16 Teilnehmern. Weil wir die Teilnehmer mit ihren Anliegen wirklich vorwärtsbringen möchten, begleiten wir diese Seminare mit ein bis zwei Trainern und zusätzlichen ein bis zwei Assistenten, die eine berufsbegleitende Jahresausbildung bei uns abgeschlossen haben.

Obwohl man zum Thema Ernährung natürlich kontrovers diskutieren kann, haben wir dazu eine feste Meinung. Leichte und frische Nahrungsmittel haben unserer Ansicht nach eine bessere Wirkung auf die Lernkurve und den Biorhythmus als zucker- und fetthaltige Lebensmittel. Diese Faustregel gilt insbesondere auch für Getränke. In Absprache mit den Teilnehmern steht zwischen den Hauptmahlzeiten eine Vielfalt von Obstsorten, Wässern und Teesorten zur Verfügung. Letztlich ist es natürlich die Entscheidung des Einzelnen, was er zu sich nimmt. Deshalb gibt es ergänzend süße und salzige Angebote, Fruchtsäfte, Kaffee etc.

Service

Die Ansprechbarkeit der Seminarveranstalter hat eine hohe Bedeutung für das Wohlgefühl der Teilnehmer. In unseren Seminaren stellen sich die Veranstalter den Teilnehmern persönlich vor. Die Akademie-Leitung berichtet, wie sie erreichbar ist, dass der Servicegedanke für sie eine hohe Wichtigkeit hat und warum sich die Mitarbeiter freuen, wenn die Teilnehmer ihre Wünsche offen aussprechen. Die Begrüßung zeigt, dass die Organisatoren den Geist des bedürfnisorientierten Miteinanders vorleben und zur Wahrnehmung dieses Angebots einladen. Leitung und Mitarbeiter teilen die vermittelten Werte.

Während des Seminars fertigt das Trainerteam ein Fotoprotokoll an, das innerhalb von einer Woche nach Seminarende an die Teilnehmer verschickt wird. Das Protokoll verknüpft Flipchart-Plakate und Bilder von Übungen, die die Erinnerung und den Lerntransfer unterstützen.

Rollenspiele

Im Mittelpunkt unserer Trainings stehen Rollenspiele, die Selbsterfahrung und das Lernen anhand selbst erlebter Situationen ermöglichen. Innerhalb der Rollenspiele arbeiten die Teilnehmer mit den GFK-Schlüsselunterscheidungen (zum Beispiel der Unterscheidung von Beobachtung und Bewertung), den GFK-Modellen (zum Beispiel Wolfs- und Giraffenohren) und den GFK-Prozessen (zum Beispiel dem Ausdruck von Wertschätzung und Dank).

In die Rollenspiele bringen die Teilnehmer eigene Fallbeispiele ein. Nach jeder Übung findet eine Feedbackrunde oder eine Reflexionseinheit statt, um das Erlebte zu verarbeiten und abzuschließen. In Anfängergruppen bitten wir die Teilnehmer darum, zunächst niedrig eskalierte Fälle auszuwählen und den Schwierigkeitsgrad allmählich den wachsenden eigenen Fähigkeiten anzupassen.

Achtsamkeitsübungen und Körperwahrnehmung

Achtsamkeitsübungen unterstützen die wertfreie Wahrnehmung eigener und fremder Handlungen und Empfindungen. Die Qualität unserer Kommunikation hängt nicht nur mit der Art unserer Kommunikation, sondern auch mit der Genauigkeit unserer Beobachtung und der Ausprägung unseres Gespürs zusammen. Das Training von Präsenz und Sensibilität gegenüber gegenwärtigen Wahrnehmungen ist ein wichtiges Element unserer GFK- und Konfliktmanagementseminare.

Eine besondere Form der Achtsamkeit sind Übungen zur Körperwahrnehmung. Körperwahrnehmung ist auf vielerlei Weise hilfreich: (1) um das eigene Stresslevel messen zu können, (2) um Resonanzen zu spüren und Hinweise auf Stimmungen unseres Gegenübers aufzufangen und (3) um bei inneren Abspaltungsprozessen in den Körper und in unser Selbst zurückzukehren. Im Rahmen eines GFK-Trainings kann Achtsamkeit den Bewusstwerdungsprozess und den Weg zu einer mitfühlenden Grundhaltung unterstützen.

Feedback, Reflexion und Sharing

Der Wirksamkeitsforscher Barry Duncan stellt fest, dass Feedbackschleifen und Reflexion einen höheren Einfluss auf den individuellen Lernerfolg haben als Studienzeit oder Anwendungserfahrung. Deshalb sind Feedback und Reflexion die wirksamsten Lernverstärker. In unseren Seminaren finden Feedback und Reflexion in vielfältiger Weise statt: in Form von Stimmungsabfragen, Feedback nach Rollenspielen, Designreflexion (was ist inhaltlich und didaktisch passiert und was hat es ausgelöst?) und als Feedback an das Trainerteam (Dank, Wertschätzung, Unzufriedenheit bezüglich offengebliebener Bedürfnisse, Verbesserungsvorschläge).

GFK-Feedback ist eine Übung mit Anteilen der Achtsamkeit. Sie kultiviert einen ehrlichen Umgang miteinander. Richtig/Falsch-Denken und gegenseitige Schuldzuweisungen werden durch einen wertschätzenden Dialog und bedürfnisorientiertes Verhandeln ersetzt.

Eine Form der GFK-Reflexion ist das sogenannte „Sharing“ (englisch für Teilen). Beim Sharing geht es um das Äußern persönlicher Resonanzen (Gefühle, Gedanken, Aha-Effekte), die durch eine Übung oder einen Vortrag ausgelöst wurden. Es geht dabei nicht um Bewertungen oder Feedback zu den Leistungen anderer. Sharing kann sich auch auf Ebenen der Wahrnehmung (z. B. auf gruppendynamische Erlebnisse) beziehen, die gerade nicht das eigentliche Thema sind. Es wird in der Regel weder kommentiert, noch diskutiert, sondern nur angehört.

Regelmäßige Reflexion führt zu einer Entschleunigung des Lernprozesses und ermöglicht das Verdauen und Verarbeiten des Gelernten. Erst das Pendeln zwischen Übungen, Feedback und Reflexion ermöglicht den optimalen Lerntransfer.

Fazit

Viele Elemente dieses Kapitels werden Ihnen bekannt sein. Wir hätten sie nicht so ausführlich dargestellt, wenn uns nicht aus zahlreichen eigenen Seminarbesuchen vertraut wäre, dass sogenannte Selbstverständlichkeiten oft nicht einmal von „Experten" berücksichtigt werden. Wir glauben: Optimale Lernergebnisse sind keine Zufälligkeit und kein Selbstläufer. Sie stellen sich ein, wenn wir wissen, was wirkt, und umsetzen, was wir wissen.

Stimmungsabfrage: In welchen Schuhen bin ich da?

Kap. 03

Stimmungsabfragen erfüllen mehrere Anliegen: Jeder bekommt einen kurzen Augenblick der Ruhe, um sich mit der eigenen Stimmung und den aktuellen Gefühlen zu beschäftigen. Dann bekommt er für einen kurzen Moment „die Bühne", um als Teil der Gruppe in Erscheinung zu treten. Die Gruppe erhält einen Eindruck davon, wie es den Anwesenden gerade geht. Eine Stimmungsabfrage kann zum Auslöser für eine Anpassung des Lernprozesses an Teilnehmer- und Gruppenbedürfnisse werden.

Stimmungsabfragen sind ein eigenständiges Trainingselement, um die Achtsamkeit und Präsenz des Einzelnen und der Gruppe zu erhöhen. Eine gut ausgeprägte Wahrnehmung des Innen und Außen verbessert die Fähigkeit, Störungen frühzeitig zu klären und durch bedürfnisorientiertes Verhandeln aus dem Weg zu räumen. Aber auch das Teilen angenehmer Gefühle ergibt Sinn: Das Feiern von Erfolgen und der Ausdruck von Freude oder Dankbarkeit verstärkt den Gruppenzusammenhalt und die Lust auf weitere gemeinsame Lernerlebnisse.

In unserem GFK-Basisseminar geben wir in der ersten Stimmungsabfrage ein Paar Flipflops in Radiergummi-Größe (aus dem Spielzeugladen) herum. Dazu fragen wir: „Wenn Sie Ihre Stimmung als Schuhwerk beschreiben würden: Mit welchen Schuhen sitzen Sie hier? In Flipflops oder Sicherheitsschuhen, High Heels oder Cowboy-Stiefeln, Sportschuhen, Wanderschuhen oder Pantoffeln?“

Bereits bei der ersten Stimmungsabfrage kommen die Teilnehmer mit dem eigenen Körper und den Emotionen der Menschen um sich herum in Kontakt. Sie gewinnen ein Gefühl für den Raum und die eigene Präsenz. Dadurch öffnet sich die Wahrnehmung für den aktuellen Moment. Die Teilnehmer lassen das Gewesene hinter sich und öffnen sich für das Gegenwärtige.

Deshalb starten wir mit dieser Stimmungsabfrage, noch bevor wir eine Vorstellungsrunde durchgeführt, Regeln vereinbart oder den Programmablauf bekannt gegeben haben (von dieser Regel haben wir im Rahmen der DVD eine Ausnahme gemacht, weil wir den Zuschauern zur besseren Klarheit erst einmal einen Überblick über den Ablauf präsentieren wollen).

Anmerkung

Viele Teilnehmer erwarten vom Trainerteam zunächst einen Überblick über den Ablauf, logistische Informationen und eine Vorstellungsrunde. Eine Stimmungsabfrage löst Überraschung und Neugier aus. Dadurch holt das Trainerteam das Seminar gleich aus dem Gleis eingefahrener Verhaltensreflexe. Die Methode erzeugt Aufmerksamkeit, durch die Inhalte entsteht Vertrauen.

Bei den weiteren Stimmungsabfragen am Mittag, Abend und nächsten Tag lässt die Überraschung nach. Das Ritual erzeugt Sicherheit und Verbindung. Durch das regelmäßige gegenseitige Zuhören entsteht mit der Zeit ein Grundgefühl der Geborgenheit.

Praxistipp

Bitten Sie die Gruppe, sich bei Stimmungsabfragen kurz zu fassen. Die Teilnehmer orientieren sich meistens am ersten Sprecher. Liefern Sie deshalb unbedingt ein Beispiel, damit die Teilnehmer einen Orientierungswert haben. Bitten Sie Teilnehmer, die längere Statements äußern, sich in der nächsten Runde kürzer zu fassen, damit die Gruppe ihre Aufmerksamkeit für alle Seminarteilnehmer zuzüglich Trainerteam aufrechthalten kann.

Namen-Lernspiel

Kap. 04

Das hier vorgestellte Namensspiel hat eine unglaublich intensive Wirkung. Manche Teilnehmer zucken zusammen, wenn wir es anmoderieren. Aber am Ende des Seminars hören wir immer wieder Kommentare wie diesen: „Das Seminar bei euch war das erste, bei dem ich mir die Namen aller Teilnehmer merken konnte." Wie funktioniert das?

Anmoderation des Namensspiels

Das Namensspiel verankert die Namen über mehrere Sinneskanäle. Fordern Sie die Teilnehmer dazu auf, sich nacheinander mit einer Geste und einer Assoziation zu ihrem Namen vorzustellen.

> **Beispiel 1:** „Ich bin der Al, wie der Al Bundy aus der TV-Serie." Al nimmt dabei die typische Al-Bundy-Haltung ein: halb in den Stuhl abgerutscht, eine Hand im Hosenbund und eine fantasierte Fernbedienung in der anderen Hand.
>
> **Beispiel 2:** „Ich bin die Verena, der Verbindung wichtig ist." Verena zeigt mit nach oben ausgestreckten Armen ein großes V beim Wort Verbindung.
>
> **Beispiel 3:** „Ich bin die abenteuerlustige Andrea." Andrea hält dabei eine Hand zum Sonnenschutz über die Augen und zeigt mit der anderen Hand mit ausgestrecktem Finger in die Ferne.

Ablauf des Namensspiels

Ein Trainer beginnt mit seiner Selbstvorstellung und seiner Geste: *„Ich bin der Al, wie der Al Bundy aus der TV-Serie."* Im Anschluss stellt sich die daneben sitzende Trainerin mit ihrer Selbstvorstellung und Geste vor *„Ich bin die …"* und ergänzt ihre Vorstellung mit dem Satz: „Und ich kenne den …" Während sie den Namen und die Selbstvorstellung ihres Vordermanns wiederholt, macht sie auch die Bewegung von Trainer eins nach.

Beispiel: *„Ich bin die Verena, der Verbindung wichtig ist* [Arme hoch zum großen V] *und ich kenne den Al, wie der Al Bundy aus der TV-Serie* [im Stuhl abrutschen, eine Hand in den Hosenbund, die andere Hand spielt mit der fantasierten Fernbedienung] *und die abenteuerlustige Andrea* [eine Hand an den Kopf zum Sonnenschutz, während die andere mit dem Finger auf den Horizont zeigt].“

Die Vorstellungsrunde wird reihum fortgesetzt. Mit jeder neuen Person im Kreis wächst die Zahl der Personen, die man vorstellen muss. Bei einer Gruppe mit drei Trainern und 16 Teilnehmern zählt die letzte Person im Stuhlkreis sich selbst und 18 weitere Personen (mit deren Assoziationen und Gesten) auf.

Das soll klappen?

Es klappt immer! Der letzte Teilnehmer des Kreises hat die Namen, Assoziationen und Gesten bereits bis zu 18-mal gehört und auf drei Ebenen (sprachlich, gestisch und als Bild) im Gehirn verankert. Zusammen wirkt das wie 3 x 18-faches (also 54-faches Lernen). Das bleibt hängen.

Gewinn des Namensspiels

Namentliche Anrede transportiert eine spezielle Form der Wertschätzung. Indem sich die Teilnehmer von Anfang an namentlich ansprechen, werden das Kennenlernen und die Vertrautheit untereinander wirkungsvoll gefördert. Bereits in der ersten Pause können Sie beobachten, wie offen und direkt die Teilnehmer aufeinander zugehen.

Kap. 02

Präsentation der Seminarinhalte

Von Neurowissenschaftlern haben wir gelernt, dass das Lerntempo stark von der Lernstruktur abhängt. Der Gedächtnistrainer Tony Buzan (Erfinder des Mindmapping) empfiehlt zum Beispiel, vor dem Lesen eines Buches genauestens das Inhaltsverzeichnis zu studieren. Das Gehirn legt dabei Nervenzellenverbindungen an, denen das neue Wissen zugeordnet wird.

Auch das Vorstellen eines Seminarprogramms dient der besseren Verarbeitung der bevorstehenden Lernprozesse. Es kann zur Orientierung während des Seminars an der Wand befestigt werden.

Tipp

Wenn Sie an einer farbigen Moderationskarte eine Ecke abschneiden, erhalten Sie ein Dreieck, das Sie mithilfe eines kleinen gerollten Stücks Kreppband (Klebefläche nach außen rollen) auf dem Flipchart befestigen und wie einen Zeiger von Übung zu Übung weiterwandern lassen können.

Die eigentliche Kunst besteht darin, die Teilnehmer zu informieren, ohne sie zu verwirren. Wir erzählen den Teilnehmern, was die Absicht der jeweiligen Inhalte ist, ohne im Detail auf die Übungen einzugehen. Im Optimalfall haben die Teilnehmer nach der Vorstellung des Programmablaufs Lust, sofort loszulegen.

Der in diesem Buch vorgestellte Programmablauf umfasst folgende Programmteile:

- Stimmungsabfrage, Namen-Lernspiel und Vereinbarungen zum sicheren Rahmen
- Szenen aus dem Alltag (Konflikt-Pantomime)
- Die Landkarte ist nicht die Landschaft
- Die vier Schritte der Gewaltfreien Kommunikation
- Einführungen und Übungen zu Schritt 1 der GFK: wertfreie Beobachtung
- Einführungen und Übungen zu Schritt 2 der GFK: Gefühle
- Einführungen und Übungen zu Schritt 3 der GFK: Bedürfnisse
- Einführungen und Übungen zu Schritt 4 der GFK: Bitten
- „Straßengiraffisch"
- Mimikresonanz
- Wolfsohren und Giraffenohren
- GFK-Tanzparkett
- Feedback geben

- „Ja, aber … / Gleichzeitig …“
- Indirekte Gefühlsäußerungen ansprechen
- „Mangelland – Fülleland“
- Sechs-Stühle-Modell der GFK
- Mitfühlen, mitleiden oder sympathisieren?
- Angriffe gegen die eigene Person übersetzen
- Konfliktvermittlung mit Erste-Hilfe-Empathie
- „Celebration of Life“

Organisatorische Aspekte

Kap. 01

Teilnehmer, die das erste Mal einen bestimmten Seminarort betreten, suchen intuitiv nach Orientierung. Gäste, die von weit weg angereist sind und vor Ort übernachten, wünschen sich Unterstützung bei logistischen Unklarheiten. Unsicherheiten können auch im Zusammenhang mit der Abrechnung, mit Vertragsangelegenheiten oder der Verpflegung auftreten. Deshalb ist die Klärung organisatorischer Fragen ein wiederkehrender Programmpunkt im Gesamtablauf.

Im Basisseminar werden Organisationsthemen an drei unterschiedlichen Stellen platziert:

1. Die Leiterin der Akademie gibt bei der Begrüßung Antworten auf Fragen, die wiederkehrend von Teilnehmer/inne/n gestellt werden (das sogenannte „Akademie-FAQ").
2. Am ersten Tag geben die Trainer nach der Vorstellung des Programmablaufs Hinweise, die in den kommenden Tagen nützlich sein könnten.
3. An den Folgetagen ist die erste Viertelstunde nach der Einstimmung für Teilnehmerfragen zu Organisation und Abläufen reserviert.

Am ersten Seminartag gibt das Trainerteam unter anderem Antworten auf folgende Fragen:

- Wann startet und wie lange geht das Seminar? Wann sind Pausen?
- Wo ist die Bewirtung aufgebaut, gibt es in den Pausen etwas zu essen?
- Wo gibt es Mittagessen? Gibt es Gutscheine und wo bekommt man sie?
- Wo sind die Kleingruppenräume? Wo sind die Toiletten?
- Kann man sich zum Üben ins Grüne begeben? Wohin?
- Wo kann man in der Mittagspause spazieren gehen?
- Wo kann man in der Stadt einkaufen und essen gehen?
- Was bietet die nähere Umgebung für Freizeitmöglichkeiten?
- Ist abends ein Fest geplant? Falls ja: wann, wo und wie?

Um nichts zu vergessen, arbeitet das Trainerteam mit einer Checkliste. Zu den Fragen, die das Trainerteam den Teilnehmer/inne/n stellt, gehören u. a. die Themen:

- Gibt es Teilnehmer/innen, die früher abreisen oder zeitweilig abwesend sind?
- Gibt es Besonderheiten bei der Bewirtung, die berücksichtigt werden sollen?

Manche dieser Hinweise (z. B. Zeitpläne oder Lagebeschreibungen) eignen sich als Handout. Das erspart Nachfragen und lädt zum Austausch unter den Teilnehmern ein. So fällt es den Teilnehmern noch leichter, sich ganz auf die eigentlichen Inhalte einzulassen.

Vereinbarungen zum sicheren Rahmen

Kap. 05

Damit die Teilnehmer den maximalen Nutzen aus dem Seminar ziehen, laden wir sie ein, eigene Konfliktfälle in das Seminar einzubringen und im Rollenspiel zu klären. Es ist nebensächlich, ob diese Fälle aus dem privaten oder dem beruflichen Umfeld stammen. Gewaltfreie Kommunikation ist eine Haltung, die das gesamte Denken und Handeln einer Persönlichkeit beeinflusst und in jedem Zusammenhang geübt und gelebt werden kann.

Die Arbeit mit eigenen Fällen hat zwei entscheidende Vorteile gegenüber vorgefertigten Beispielen:

1. Nur am Beispiel eigener Konfliktfälle erleben Teilnehmer, wie stark sie auf Einfühlung reagieren und wie sehr das Ansprechen von Emotionen und Bedürfnissen dabei hilft, Kontakt und Vertrauen aufzubauen. Bei vorgefertigten Beispielen ignorieren die Rollenspieler häufig ihr eigenes Empfinden, weil sie denken, dass sie sich an eine bestimmte Rollenanweisung halten müssten. Es ist dann im Grunde bedeutungslos, wie ihr Gegenüber auftritt. Bei Echtfällen hingegen lassen sich die Falleinbringer von den Worten der Mitspieler berühren. Es wird erlebbar, ob und wie empathische Kommunikation Beweglichkeit in den Konflikt bringt.
2. Teilnehmer, die eigene Konfliktsituationen bearbeiten, nehmen einen Quick-Win aus dem Seminar mit. Falleinbringer berichten häufig schon am nächsten Tag, dass sie eine schwierige Situation mithilfe der Ideen aus dem Rollenspiel auflösen konnten.

Um den Vertrauensaufbau zu erleichtern, schlagen wir den Teilnehmern drei Vereinbarungen vor:

1. **Vertraulichkeit**
   - Alles, was in den Kleingruppen oder im Plenum gesagt wird, bleibt unter den Anwesenden.
   - Wer davon eine Ausnahme machen will, holt sich vorab das Einverständnis aller Anwesenden ein.
2. **Verantwortung**
   - Jeder Teilnehmer trägt die Verantwortung für sich selbst. Er äußert seine Bedürfnisse und meldet Störungen an. Er übernimmt Verantwortung für das, was er im Seminar sagt, und für das, was er für sich behält.
   - Jeder Teilnehmer übernimmt die Verantwortung für die gemeinsam getroffenen Verabredungen und deren konkrete Umsetzung.
3. **Gesprächsregeln**
   - Die Teilnehmer lassen sich gegenseitig ausreden.
   - Sie bemühen sich, in Form von Ich-Botschaften für sich selbst zu sprechen.

Punkt 2 (das Aussprechen von Bedürfnissen und Störungen) lädt dazu ein, das Seminar als Übung für den Echtfall zu begreifen. Jeder Teilnehmer ist dazu eingeladen, schon im Seminar mit dem bedürfnisorientierten Verhandeln zu beginnen und durch offenes Ansprechen eigener Wahrnehmungen und Bedürfnisse dazu beizutragen, dass die gemeinsam verbrachte Zeit für alle zu einer ermutigenden Erfahrung wird.

Szenen aus dem Alltag (Konflikt-Pantomime)

Kap. 06

Mit der Übung „Szenen aus dem Alltag“ steigen die Teilnehmer inhaltlich in das Thema Gewaltfreie Kommunikation und Konfliktbearbeitung ein. Diese Übung haben wir das erste Mal bei der Trainerkollegin Monika Oboth gesehen. Die Übung lädt dazu ein, sich mit dem eigenen Konflikterleben auseinanderzusetzen und den ersten Seminartag vorzubereiten.

Die Teilnehmer werden per Losverfahren Kleingruppen zugeordnet, in denen sie sich gegenseitig von aktuellen eigenen Konflikten oder schwierigen Kommunikationssituationen erzählen.

Gruppenbildung nach dem Zufallsprinzip

Bei dieser ersten Übung bilden wir die Gruppen mit farbigen Murmeln (zum Beispiel Vierergruppen mit 4 x 4 Murmelfarben). Sie können die Gruppen auch mithilfe von vier unterschiedlichen Arten kleiner (verpackter!) Süßigkeiten auslosen. Geben Sie die Murmeln oder Süßigkeiten in ein hübsches Säckchen und lassen Sie die Teilnehmer ihre Farbe ziehen.

Wenn Sie die Gruppen per Zufall bilden, brauchen die Teilnehmer nicht über Fragen der Zugehörigkeit nachzudenken. Viele Menschen erleben diese Methode als Entlastung von inneren Ängsten („Finde ich eine Gruppe?“, „Werde ich angesprochen?“, „Wie beliebt bin ich?“). Wenn Sie das Murmelsäckchen wiederholt herumgeben, schweißt die permanente Durchmischung die Gemeinschaft zügig zusammen. Dabei werden Vorurteile überwunden.

Handout zur Übung „Szenen aus dem Alltag“

Als Anleitung teilen wir ein Seminarblatt aus:

1. **Bilden Sie Vierergruppen.**
2. **Tauschen Sie sich mit Ihrer Kleingruppe 30 Minuten lang zu eigenen Konflikten und herausfordernden Situationen aus, die Sie in Ihrem beruflichen oder privaten Alltag erleben.**
3. **Nach Ablauf einer halben Stunde wählt jeder Teilnehmer aus den eigenen Beispielen eine Situation aus, die er sich im Verlaufe des Tages näher ansehen möchte.** Das kann (1) ein aktueller Konflikt sein, (2) ein Gespräch, das nicht optimal verlaufen ist, oder (3) eine schwierige Gesprächssituation, die noch bevorsteht.
4. **Jeder Kleingruppenteilnehmer gibt seiner Situation eine Überschrift und schreibt diese mit einem Moderationsstift auf eine Moderationskarte.** Die Überschriften dürfen plakativ klingen. *Beispiel: Bei einem Konflikt, der im Krankenhaus durch den Streit um die Benutzung eines öffentlichen Telefons ausgelöst wurde, könnte auf der Karte „Das Patiententelefon“ stehen.*
5. **Anschließend studieren die Teilnehmer gemeinsam Pantomimen zu ihren Fällen ein. Jede der Pantomimen dauert ungefähr 30 bis 60 Sekunden.** *In unserem Beispielfall „Das Patiententelefon“ versucht eine Pflegekraft (die Falleinbringerin) erfolglos zwischen zwei sich streitenden Patienten zu vermitteln, von denen der eine ein Telefon in der Hand hält und sich von den anderen Wartenden nicht vom Telefonieren abbringen lässt. Die Falleinbringerin will im Seminar klären, welche Hilfsmittel die GFK beim Umgang mit Konflikten zwischen Patienten bereithält.*
6. **Nach insgesamt 45 Minuten Kleingruppenarbeit kehren die Teilnehmer in den Seminarraum zurück.** Alle 16 Teilnehmer bringen einen eigenen Fall und eine Rollenspiel-Pantomime mit ins Plenum.

Auswertung der Kleingruppenarbeit

Zurück im Plenum spielen die Teilnehmer Gruppe für Gruppe ihre Konflikt-Pantomimen vor. Zu jedem Fall wird die passende Moderationskarte an eine vorbereitete Stellwand gepinnt. Nach jeder Pantomime haben die übrigen Teilnehmer kurz Zeit für Verständnisfragen. Wenn alle Teilnehmer ihren Fall eingebracht haben, leitet das Trainerteam eine 15-minütige Pause ein.

Ziel der Übung

Die Übung „Szenen aus dem Alltag" bereitet die Einführung der Gewaltfreien Kommunikation vor. Die Teilnehmer werden die vier Schritte der GFK im Verlauf des Tages anhand ihres persönlichen Konfliktbeispiels im Detail nachvollziehen. Als Vorbereitung muss sich jeder Teilnehmer für eine Situation entscheiden und gefühlsmäßig darauf einstimmen. Das geschieht im Kleingruppengespräch „Szenen aus dem Alltag".

Darüber hinaus lernen sich die Teilnehmer durch die Kleingruppenarbeit zum ersten Mal kennen. Dabei entsteht das Vertrauen, um sich auf die gemeinsame Arbeit an ihren persönlichen Konflikten einzulassen. Das aufmerksame Miteinander und das gemeinsame Spiel schaffen Verbindung.

Ein weiterer Effekt dieser Übung ist eine Sensibilisierung für die Wirkung von Körpersprache im Konflikt. Die Teilnehmer drücken ihre Gefühle durch Mimik und Gesten aus. Auch die räumliche Beziehung zwischen den Streitparteien wird deutlich. Durch die Pantomime entsteht Aufmerksamkeit für bisher unbewusste Ebenen eines Konfliktes.

Häufig sind die Teilnehmer überrascht, wie gut sie ohne jede weitere Erklärung die jeweilige Geschichte hinter einer Pantomime verstehen. Oft erkennen sie Gemeinsamkeiten zu eigenen Erlebnissen. Im Verlauf des Tages verfolgen die Teilnehmer mit, wie die Fälle von Schritt zu Schritt klarer und verständlicher werden.

Kap. 07

Die Landkarte ist nicht die Landschaft

Im Jahre 1933 formulierte der Ingenieur und Linguist Alfred Habdank Skarbek Korzybski in seinem Hauptwerk „Science and Sanity" einen neuen Leitsatz der Kommunikationswissenschaft: „Die Landkarte ist nicht die Landschaft". Korzybski drückt darin aus, dass der Mensch in zwei Welten lebt: in einer Welt der Sprache und der Symbole, aber auch in einer realen Welt der Erfahrung.

Unser Erleben der Wirklichkeit ist mit vielen körperlichen, emotionalen und geistigen Vorgängen verknüpft. Dieses Erleben ist die Landschaft, von der Korzybski spricht. Von den inneren Landschaften anderer Menschen machen wir uns Vorstellungen, die mehr oder weniger zutreffend sind. Wir entwerfen geistige Landkarten, die uns das Wesen und das Verhalten unseres Gegenübers erklären sollen. Mithilfe dieser Landkarten orientieren wir uns im zwischenmenschlichen Bereich.

Sprache kann die wirkliche Welt jedoch weder vollständig noch gerecht abbilden, denn sie verallgemeinert und vereinfacht die Welt der Erfahrung. Marshall B. Rosenberg formuliert es so: „Keine Landkarte kann jemals die Schönheit einfangen, die Menschen in jedem einzelnen Moment ausstrahlen."

Unsere geistigen Landkarten sind manchmal hilfreich, manchmal irreführend. Befragungen alter Ehepaare zeigen, dass sich Menschen stark darin überschätzen, wie gut sie andere Menschen kennen. Sprache wirkt trennend, wenn wir uns mehr und mehr auf Landkarten fixieren und das Erleben und die Wirklichkeit unserer Gesprächspartner ignorieren. Für Rosenberg ist Gewalt fast immer mit Denkvorgängen verknüpft, die die eigenen Interpretationen als gültige Erklärungen der Wirklichkeit darstellen: „Du bist ..."

Der Satz „Die Landkarte ist nicht die Landschaft" lädt zu mehr Respekt gegenüber der Realität unseres Gegenübers und zur Reflexion des eigenen Zuhörverhaltens ein. Die Gewaltfreie Kommunikation ermutigt uns, gut zuzuhören und genau zu beobachten, unsere Wahrnehmungen anzusprechen und mit denen des Gesprächspartners abzugleichen. Im weiteren Seminarverlauf erinnern wir immer wieder an den Leitsatz „Die Landkarte ist nicht die Landschaft".

Die drei Säulen der Gewaltfreien Kommunikation

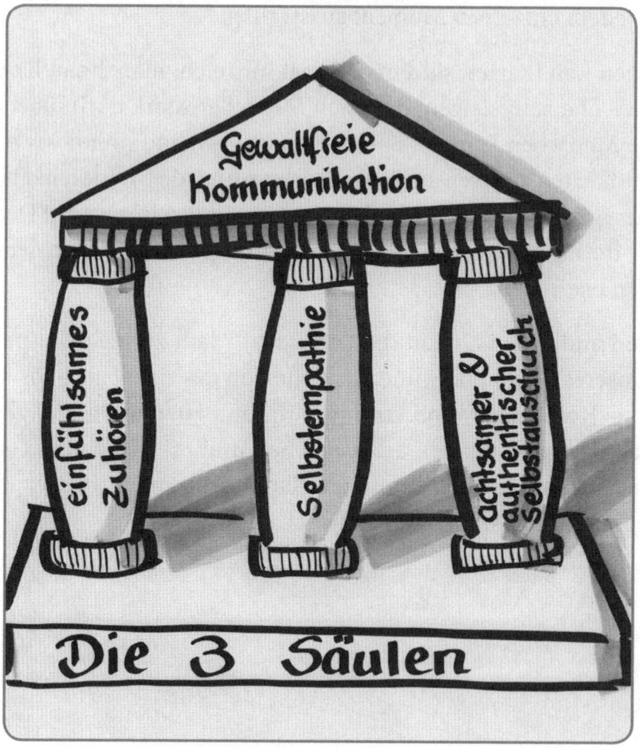

Gewaltfreie Kommunikation basiert auf den drei Säulen „Selbstempathie“, „einfühlsames Zuhören“ und „ehrlicher, achtsamer Selbstausdruck“. Jede dieser drei Fähigkeiten lässt sich einzeln trainieren. In der Gesprächsführung wechseln wir flexibel zwischen ihnen ab.

Gewaltfreie Kommunikation wird zu einer Haltung, wenn wir uns bewusst dafür entscheiden, auch unter Druck respektvoll und integer aufzutreten. Sie äußert sich in Form einer wertschätzenden und empathischen Gesprächsführung.

Selbstempathie

Selbstempathie bzw. Selbsteinfühlung ist die Grundvoraussetzung für jeden gelingenden Gesprächsprozess. Nur wenn wir uns selbst wahrnehmen und spüren, sind wir vollständig präsent. Die Wahrnehmung unserer Gefühle und Bedürfnisse gibt uns Klarheit, Sicherheit und Kraft für wirksames Handeln. Selbstempathie ist der Kompass, der uns auf den Weg zu einem stimmigen Umgang mit uns selbst Orientierung gibt.

Auch in der Beziehung zu unseren Gesprächspartnern ist Selbstempathie wirksam. Die Betroffenen können sich darauf verlassen, dass wir unsere Bedürfnisse oder mögliche Beziehungsstörungen ansprechen, wenn dies nötig ist.

Selbstempathie verhilft uns zu einer Wahrnehmung für feine innere Resonanzen auf die Handlungen und Worte unseres Gegenübers. Diese Resonanzen (zum Beispiel eine zunächst unerklärliche plötzliche Traurigkeit) liefern Informationen für ein besseres Verständnis der Gesprächssituation. Resonanzen ergänzen das kognitive Verständnis (das wir auf Basis von Denkprozessen entwickeln) um eine intuitive, emotionale und assoziative Komponente.

Einfühlsames Zuhören

Einfühlsames bzw. empathisches Zuhören und damit verbundenes gegenseitiges Verständnis sind der Schlüssel für ein erfolgreiches und glückliches menschliches Zusammenleben. Einfühlsames Zuhören bedeutet: für einen Moment lang ganz mit der Aufmerksamkeit für andere da zu sein. Wir nutzen dabei die besondere Fähigkeit unseres Gehirns, die Wirklichkeit anderer zu simulieren und nachzuvollziehen.

Durch aktives Zuhören spiegeln wir zurück, dass die Botschaft bei uns angekommen ist. Wir fassen die Kernaussagen unseres Gegenübers in eigenen Worten zusammen. Für das Gelingen des Empathie-Prozesses ist entscheidend, dass die „emotionale Ladung" einer Aussage erfasst wird. Das Paraphrasieren von Sachinhalten schafft noch keine ausreichende Verbindung. Nur wenn unser Gegenüber sich mit seinen Gefühlen und Bedürfnissen in unserer Zusammenfassung wiederfindet, sinkt bei ihm der Stresspegel.

Wenn wir den Perspektivwechsel vollbringen und die Landkarte des anderen als solche akzeptieren, entsteht zwischenmenschliches Vertrauen. Unser Gesprächspartner erlebt Verständnis. Wie stark auf die vorhandenen Gefühle eingegangen wird, hängt vom Typ des Gesprächspartners ab. Wichtig ist, dass die Gefühle möglichst rasch mit Bedürfnissen und Bitten verknüpft werden. Denn die Gefühle unseres Gesprächspartners sind (wie die Warnlampen in einem Auto) nichts weiter als Hinweisgeber auf die diejenigen Anliegen, die ihn wirklich bewegen.

Verstehen bedeutet nicht zwangsläufig, einverstanden zu sein. Aber Verständnis hat eine unheimlich heilsame Wirkung auf Beziehungen. Der Mystiker Rumi sagt dazu: „Es gibt einen Ort jenseits von Richtig und Falsch. Dort begegnen wir uns."

Ehrlicher und achtsamer Selbstausdruck

Bei der Gewaltfreien Kommunikation geht es nicht um den Austausch von Nettigkeiten, sondern um eine wertschätzende und aufrichtige Grundhaltung. Ehrlichkeit bzw. Authentizität bedeutet in diesem Zusammenhang: Wir erzählen einander, was uns wichtig ist. Wir treten für das ein, was für uns Bedeutung hat. Wir übernehmen die Verantwortung für unsere Gefühle und sprechen unsere Bedürfnisse und Bitten aus.

Verbale Gewalt drückt sich typischerweise in Form gegenseitiger Schuldzuweisungen, Negativbewertungen und Kränkungen aus. Aussagen wie „Ich fühle mich über den Tisch gezogen“ konstruieren ein Täter-Opfer-Verhältnis, in dem andere für unsere schlechten Gefühle verantwortlich gemacht werden. Forderungen und Druck verschärfen die Distanz und das Misstrauen zwischen den Betroffenen.

Ein wertschätzendes Miteinander ist deshalb von Achtsamkeit in der Wortwahl geprägt. Wir formulieren unsere Anliegen als Ich-Botschaften und überlegen uns konkrete Bitten, damit ein Interessensausgleich möglich wird. Wir machen uns verständlich, indem wir über die Gefühle und Bedürfnisse sprechen, die uns antreiben. Wir wählen dafür ein Vokabular, das unser Gegenüber versteht und das glaubhaft die Dringlichkeit unseres Anliegens transportiert.

Schlüsselunterscheidungen, Modelle und Prozesse der GFK

Marshall B. Rosenberg spricht von Modellen, Prozessen und Schlüsselunterscheidungen der GFK. Damit Sie wissen, was damit gemeint ist, werden die Begriffe auf dieser Seite erklärt und den Themen in diesem Buch und auf der beiliegenden DVD zugeordnet.

Modelle der GFK

Modelle formulieren ein beschränktes Abbild der Wirklichkeit, um das Verständnis für die Aussagen und Kernelemente eines Wissenschaftsgebiets oder einer Theorie zu erleichtern. Die Modelle der Gewaltfreien Kommunikation dienen also der Erklärung ihrer Wirkungsweise und ihrer Ziele. Modelle bilden nicht alle Facetten der Realität ab. Dafür erleichtern Sie uns das Einprägen und Weitergeben der wichtigsten Grundzüge des Lerngebietes.

In diesem Buch stellen wir Ihnen vier GFK-Modelle vor:

- die drei Säulen der GFK: Selbstempathie, einfühlsames Zuhören, ehrlicher und achtsamer Selbstausdruck
- die vier Schritte der GFK: Beobachtung, Gefühl, Bedürfnis, Bitte
- die vier Ohren der GFK: Wolfsohren nach innen (Selbstbewertung), Wolfsohren nach außen (Bewertung anderer), Giraffenohren nach innen (Selbstempathie), Giraffenohren nach außen (Empathie für andere)
- die drei Bitten der GFK: Handlungsbitten, Bitten um die Wiedergabe des Gesagten, Bitten um Feedback

Prozesse der GFK

Als Prozess wird in der Mathematik ein algorithmisch ablaufender Vorgang definiert. Algorithmen sind Handlungsvorschriften, die aus mehreren genau beschriebenen Einzelschritten bestehen. Ein Prozess beschreibt also, wie eine Sache behandelt wird. Als GFK-Prozesse werden Anleitungen für die Reflexion bestimmter Themengebiete und Fragestellungen verstanden. GFK-Prozesse dienen dem Üben bestimmter Schrittfolgen und der Klärung konkreter Fragestellungen.

In diesem Buch stellen wir Ihnen acht GFK-Prozesse vor:

- kleines GFK-Tanzparkett zur Selbstreflexion
- mit Angriffen gegen die eigene Person umgehen
- indirekte Gefühlsäußerungen ansprechen
- vom Mangelland ins Fülleland übersetzen
- Sechs-Stühle-Modell der GFK
- Celebration of Life
- Feedback geben
- Konfliktvermittlung mit Erste-Hilfe-Empathie

Schlüsselunterscheidungen der GFK

Die Schlüsselunterscheidungen dienen dem Vertiefen Ihres GFK-Wissens. Sie verhelfen Ihnen zu mehr Klarheit und unterstützen Sie bei der Weitergabe der Gewaltfreien Kommunikation sowie im Umgang mit Einwänden. Sie beschreiben den Unterschied zwischen Gewaltfreier Kommunikation und herkömmlichen Kommunikationsmustern. Missverständliche oder leicht zu verwechselnde Begriffe werden definiert.

In diesem Buch stellen wir Ihnen viele verschiedene GFK-Schlüsselunterscheidungen vor, darunter die Unterscheidung zwischen …

- Beobachtung und Bewertung
- echten Gefühle und Pseudogefühlen
- Bedürfnissen und Strategien zur Befriedigung von Bedürfnissen
- Bitten und Forderungen
- Kritik und Feedback
- Selbstempathie und dem Ausagieren von Gefühlen
- Wolfs- und Giraffensprache
- empathischer Spekulation und Diagnose
- Mitgefühl und Mitleid

Die vier Schritte der Gewaltfreien Kommunikation

Das GFK-Konzept basiert auf vier Schlüsselunterscheidungen, die als „die vier Schritte der Gewaltfreien Kommunikation“ bezeichnet werden. Sie bringen auf den Punkt, was Kommunikation beinhalten muss, um Verbindung zu erzeugen. Das Wissen, auf dem die vier Schritte basieren, ist Jahrtausende alt und hat Verwandtschaft mit vielen philosophischen, religiösen oder spirituellen Strömungen, denen ein humanistisches Konzept zugrunde liegt. Rosenbergs spezielles Verdienst besteht darin, die universellen Kernelemente des Empathie-Prozesses in eine verständliche und leicht vermittelbare Form gebracht zu haben.

Alle Prozesse und Modelle der GFK greifen in unterschiedlicher Reihenfolge auf die vier Schritte zurück, um verschiedenartige Kommunikationssituationen zu reflektieren und zu klären. Im Mittelpunkt steht immer das Verständnis für die Bedürfnisse der Beteiligten.

Schritt 1: Beobachtung

Bei Schritt 1 der Gewaltfreien Kommunikation geht es um die Frage, was wertfrei betrachtet eigentlich passiert ist. Was wurde gesagt, was wurde getan? Welche Wahrnehmungen haben unsere Reaktion ausgelöst? Wir unterscheiden dabei zwischen unseren Beobachtungen und den Bewertungen, die sich automatisch einstellen.

Beispiel: „In deiner Mail steht, dass du um 13 Uhr hier bist. Es ist jetzt zwei Uhr. In einer halben Stunde geht das Meeting los ..." ist eine Beobachtung. „Du bist wie immer unpünktlich ..." ist eine Bewertung (Interpretation).

Schritt 2: Gefühle

Schritt 2 der Gewaltfreien Kommunikation fragt danach, welche Gefühle durch unsere Beobachtungen ausgelöst wurden. Wie geht es uns mit dem Gesagten? Wie reagieren wir emotional auf unsere Wahrnehmungen? Wir unterscheiden Gefühle von Gedanken und sogenannten „Pseudogefühlen" (Gefühlsbegriffe, die bei genauerer Betrachtung eigentlich Bewertungen sind).

Beispiel: „Ich bin total aufgeregt und unsicher ..." ist eine Gefühlsäußerung. „Ich wette, die Vorstände werden uns dafür köpfen ..." ist ein Gedanke. „Ich fühle mich von dir komplett hängen gelassen ..." ist ein Pseudogefühl (eine Schuldzuweisung).

Schritt 3: Bedürfnisse

Alles, was wir tun, dient der Befriedigung von Bedürfnissen. Unsere Emotionen weisen auf erfüllte und unerfüllte Bedürfnisse hin. Nur wenn die Bedürfnisse der Beteiligten bekannt sind, kann nach Konfliktlösungen gesucht werden, die für alle passen. Weil sich jedes Bedürfnis unterschiedlich befriedigen lässt, verschafft uns das Wissen über die vorhandenen Bedürfnisse Flexibilität bei der Suche nach guten Lösungen.

Beispiel: „Ich brauche Unterstützung bei der Berichterstattung zu den Zahlen. Meine Abteilung hat keinen Zugriff auf eure Daten ..." beschreibt ein Bedürfnis (in Zusammenhang mit einer Beobachtung). „Lass alles stehen und liegen. Sei in fünf Minuten bei mir im Büro und bring bitte einen Stick mit den aktuellen Daten mit ..." beschreibt eine konkrete Strategie, um das Bedürfnis nach Unterstützung zu erfüllen. Strategie ordnet die Gewaltfreie Kommunikation erst den Bitten in Schritt 4 zu.

Schritt 4: Bitten

Hinter jeder unserer Äußerungen steckt letztlich eine Bitte. Meistens wünschen wir uns eine bestimmte Handlung unseres Gegenübers oder Feedback. Oft werden Bitten nur unvollständig oder gar nicht ausgesprochen. Stattdessen erdulden wir unangenehme Zustände oder verschlechtern die Beziehung, indem wir Forderungen aufstellen und Druck ausüben. Bei Schritt 4 geht es deshalb um präzise und knackig formulierte Bitten an unsere Gesprächspartner.

Beispiel: „Kannst du während der Präsentation auch auf Zuruf die Ergebnisse deiner Abteilung präsentieren?" oder „Bist du bereit, im Anschluss an das Meeting mit mir über das Thema Verlässlichkeit zu sprechen?" sind klare Bitten, die Strategien formulieren, die das Bedürfnis nach Unterstützung erfüllen. Die Formulierung „Wenn ich auf dich zeige, wirst du aufstehen und möglichst gelassen die Zahlen deiner Abteilung aus dem Hut zaubern ..." klingt dagegen eher nach einer Forderung.

Arbeitsblatt für Fallarbeit mit GFK

Dieses Arbeitsblatt unterstützt Sie bei der Einzelarbeit an dem Fall, den Sie in der Übung „Szenen aus dem Alltag“ ausgewählt und im Kleingruppengespräch vorbereitet haben.

Schritt 1: Meine Beobachtung

Was ist, wertfrei beobachtet, konkret passiert? Was haben Sie gehört und gesehen? Vermeiden Sie bei der Darstellung Bewertungen und Interpretationen.

„Ich sah, hörte ______________________________.“

Schritt 2: Meine Gefühle

Welche Gefühle hat Ihre Beobachtung ausgelöst? Wie ging es Ihnen in der Situation? Benutzen Sie beim Ausfüllen dieser Zeile die Liste mit Gefühlswörtern, die Sie im Kapitel zu den Gefühlen finden.

„Ich fühlte mich ______________________________.“

Schritt 3: Meine Bedürfnisse

Auf welche unerfüllten Bedürfnisse weisen Ihre Gefühle hin? Welche Bedürfnisse sind in Ihrem Fall in den Mangel geraten? Nehmen Sie beim Ausfühlen dieser Zeile die Bedürfnisliste aus dem Buchkapitel zu den Bedürfnissen zu Hilfe.

„Ich brauche ______________________________.“

Schritt 4: Meine Bitten

Welche konkreten Ideen fallen Ihnen für eine gute Lösung ein? Was wäre der nächste Schritt? Worum möchten Sie Ihren Gesprächspartner oder sich selbst – möglichst exakt und positiv formuliert – bitten?

„Wären Sie bereit ______________________________?“

Jeder der vier Schritte der GFK wird nun in einem Dreierrhythmus erarbeitet:

1. Theorie-Input (DVD)
2. Kleingruppenübung (DVD und eigene GFK-Übungsgruppe)
3. Einzelarbeit mit dem unten stehenden Arbeitsblatt

Füllen Sie das Arbeitsblatt Abschnitt für Abschnitt aus, wenn Sie den jeweiligen Schritt (a) durch das Anhören des dazugehörigen Vortrags und (b) durch das Ausprobieren der dazugehörigen Kleingruppen-Übung theoretisch und praktisch nachvollzogen haben.

Beobachtung (Einführung)

Kap. 08

Als erste Schlüsselunterscheidung der Gewaltfreien Kommunikation möchten wir den Unterschied zwischen Beobachtungen und Bewertungen erläutern. Hier lässt sich zeigen, dass es bei den GFK-Schlüsselunterscheidungen nicht um Richtig oder Falsch, Gut oder Schlecht geht. Sowohl wertfreies Beobachten wie auch Bewertung und Interpretation haben einen Sinn. Problematisch wird es dann, wenn sie verwechselt oder vermischt werden. Eine Vermischung von Beobachtungen und Bewertungen kann der Qualität eines Gesprächs und der zwischenmenschlichen Verbindung schweren Schaden zufügen.

Nutzen von Bewertungen

Ohne die Fähigkeit zur schnellen Bewertung von Situationen und Handlungsabsichten wäre die Menschheit längst ausgestorben. Als in Irland 1845 eine große Hungersnot ausbrach, berechnete die Bevölkerung ihre Überlebenschancen. Zwei Millionen Menschen wanderten aus und retteten sich. Eine noch schnellere Entscheidung musste Pilot Chesley B. Sullenberger am 15. Januar 2009 treffen, als die Triebwerke seines Airbus nach Vogelschlag versagten und er mit 150 Passagieren an Bord auf dem Hudson River notwasserte. Unsere Fähigkeit zu Interpretation und blitzartiger Bewertung von Situationen funktioniert so exakt, dass wir sogar die Bewegungsmuster einer Menschenmenge intuitiv voraussagen können. Wie sonst wären wir dazu in der Lage, im Getümmel eines Weihnachtsmarkts unfallfrei vom Riesenrad zum Glühweinstand zu laufen?

Gefahren von Bewertungen

Spontane Bewertungen werden häufig auf Basis von viel zu wenigen und/oder vorurteilsbehafteten Informationen getroffen. Die eigene Meinung wird mit der Wirklichkeit verwechselt. Wir hängen unseren Mitmenschen Etiketten an („Störer", „Genie", „Elefant im Porzellanladen"), die sie nur schwer wieder loswerden. Besonders im Stress tendieren Menschen dazu, diejenigen Informationen zu favorisieren und zu verallgemeinern, die die eigene Meinung bestätigen. Evolutionstheoretisch dient dieses Verhalten der Mobilisierung aller Ressourcen für Kampf, Flucht oder Totstellen. Die Nebenwirkungen lassen nicht lange auf sich warten. Einseitige Diagnosen, Ungenauigkeiten und gegenseitige Abwertungen führen mit hoher Geschwindigkeit in die Konflikteskalation.

Formen konfliktfördernder Bewertungen

- Urteile: „Du bist schuld."
- Diagnosen: „Er macht auf mich einen leicht paranoiden Eindruck."
- Vergleiche: „Sie leisten weniger als der Rest der Abteilung."
- Bewertende Adjektive: „Die Azubis gehen schlampig mit unserer Technik um."
- Vermischung von Annahmen und Beobachtungen: „Die Steuerreform dient nur den Reichen."
- Verallgemeinerungen: „Sie ist immer super angezogen."
- Unklarheiten: „Emils Verhalten stört den sozialen Frieden der Klasse."
- Analysen mit Objektivitätsanspruch: „Gelb ist die einzige Farbe, die zu diesem Raum passt".

Verantwortung für die eigene Sprache übernehmen

Bewertungen entsprechen der persönlichen Meinung, die wir uns aufgrund unserer Wahrnehmungen bilden. Wenn wir Verantwortung für die eigene Sprache übernehmen wollen, müssen wir dies auch so ausdrücken. Sprechen Sie also zuerst von Ihren Beobachtungen, bevor Sie die daraus abgeleiteten Schlüsse verkünden. Nennen Sie Ihre Bezugspunkte: „Ich habe gehört …" „Ich habe beobachtet …" „Mir wurde gesagt …" „Ich habe gelesen …".

Leitfragen zu Beobachtungen

- Was ist, wertfrei beobachtet, ganz genau passiert?
- Wie haben Sie persönlich die Situation erlebt? Was ist Ihnen konkret aufgefallen?
- Was haben Sie beobachtet, gehört oder auf andere Weise wahrgenommen?
- Wie ist das Ereignis aus Ihrer Sicht im Einzelnen abgelaufen?

Vorteile von Beobachtungen als Bezugspunkt

Schaffen Sie einen nachvollziehbaren Einstieg in das Gespräch, indem Sie Ihren Bezugspunkt nennen: „Ich habe das Essen auf den Tisch gestellt und jedes einzelne Familienmitglied zu Tisch gebeten." Schaffen Sie eine Gesprächsgrundlage: „Gestern haben wir im Meeting die Aufgaben verteilt. Du hast zugesagt, die Ausgaben zusammenzurechnen und bis heute Mittag an mich weiterzuleiten. Bisher habe ich noch nichts von dir bekommen. Stimmst du bis hierhin mit mir überein?"

Weitere Vorteile eines Gesprächseinstiegs mit einer Beobachtung:

- Während auf Bewertungen häufig als Reaktion ein „Nein" kommt und eine Gegenrede einsetzt, folgt auf eine wertfreie Beobachtung oft ein „Ja" oder eine klärende Korrektur. Dadurch wird die weitere Konfliktbearbeitung positiv unterstützt.
- Das Gespräch über die zugrunde liegende Beobachtung motiviert die Beteiligten, genauer hinzuschauen.
- Die Beteiligten wissen genauer, was sie zukünftig lassen oder wiederholen sollen.
- Sie erhöhen das Verständnis für die nachfolgende Darstellung Ihrer Gefühle, Bedürfnisse und Bitten.

Zahlen, Daten, Fakten

Beobachtungen setzen sich aus den Wahrnehmungen Ihrer fünf Sinne zusammen. Da man über Gerüche, körperlich Gefühltes und Geschmackswahrnehmungen lange streiten kann, wird im Alltag vor allem über Gesehenes und Gehörtes verhandelt. Stellen Sie sich dazu eine Kamera mit angeschlossenem Mikrofon vor: „Was ist, wertfrei beobachtet, genau passiert?" Als Eselsbrücke können Sie sich die Formel ZDF (Zahlen, Daten, Fakten) einprägen.

Objektivität gibt es nicht

Der indisch-amerikanische Philosoph Jiddu Krishnamurti sagte einmal: „Wertfreie Beobachtung ist die höchste Form menschlicher Intelligenz." Es ist der situative Leidensdruck, der uns zu Ungenauigkeiten verführt. Stellen Sie sich beim Streben nach Präzision andererseits aber auch nicht selbst vor unüberwindbare Hürden. Eine objektive Wirklichkeit gibt es sowieso nicht. Ein Bart ist ein Bart und kein „Wachstum von Hornfäden auf Mentum und Maxialla". Ein Dreitagebart ist auch ein Dreitagebart, wenn er vier Tage braucht, um zwei Millimeter Länge zu erreichen. Für einen guten Gesprächseinstieg benötigen Sie keine wissenschaftliche Genauigkeit. Es reicht die Übereinstimmung in der Beobachtung zwischen Ihnen und Ihrem Gesprächspartner.

Garantie-Ausschlussklausel

Wer eine Aussage als Angriff hören möchte, wird dieses auch dann noch tun, wenn Sie sich auf exakte Beobachtungen beziehen. Selbst in eine wertfreie Aussage lässt sich etwas hineininterpretieren. Bei Gewaltfreier Kommunikation geht es nicht um störungsfreie Kommunikation, sondern den Versuch, die Qualität der Verbindung zu verbessern.

Beobachtung oder Bewertung? Pop-Up!

Kap. 09

Die Übung „Pop-Up“ („Aus dem Boden schießen“) vermittelt ein genaues Gefühl für die Unterscheidung zwischen Beobachtungen und Bewertungen. Zu dieser Übung haben uns die amerikanischen GFK-Trainerinnen Raj Gill, Lucy Leu und Judi Morin mit ihrem Buch „NVC Toolkit“ inspiriert. Rechnen Sie für die Übung „Pop-Up“ 10 bis 15 Minuten Zeit ein. Sie können die Übung zu zweit, zu dritt, zu zehnt oder sogar mit 30 und mehr Teilnehmern ausprobieren.

Übungsablauf

Die Teilnehmer stellen sich im Kreis vor ihre Stühle. In einem Plenum mit mehr als 30 Teilnehmern können die Teilnehmer auch vor- und hintereinander stehen und sitzen. Das Trainerteam moderiert die Übung folgendermaßen an:

„Wir möchten gemeinsam mit Ihnen das Bewusstsein für die Unterscheidung zwischen Beobachtungen und Bewertungen schärfen und das Aussprechen wertfreier Beobachtungen trainieren. Dazu bitten wir Sie, nacheinander Aussagen zu machen, die sich entweder auf das Seminar, auf das Trainerteam oder die Räumlichkeiten des Seminars beziehen. Der erste Sprecher packt seine Aussage in einen einzigen Satz. Die übrigen Teilnehmer entscheiden anschließend für sich, ob sie eine Beobachtung oder eine Bewertung gehört haben. Alle, die eine Beobachtung gehört haben, setzen sich hin. Alle, die eine Bewertung gehört haben, bleiben stehen oder stellen sich hin, wenn sie vorher saßen. Wer möchte beginnen, indem er eine Aussage zum Seminar, zum Trainerteam oder zu den Seminar-Räumlichkeiten macht?“

Ein Teilnehmer beginnt mit der Übung, indem er entweder eine Bewertung oder eine Beobachtung ausspricht. Die anderen Teilnehmer reagieren auf die Aussage, je nachdem, ob sie eine Beobachtung (hinsetzen) oder eine Bewertung (aufstehen) gehört haben. Wenn es sich bei der Aussage um eine Bewertung handelt, darf der Teilnehmer, der die Aussage eingebracht hat, Vorschläge für eine Umformulierung der Aussage machen. Er formuliert die Aussage so lange um, bis sie den Kriterien einer wertfreien Beobachtung entspricht und alle Teilnehmenden sitzen.

Anschließend macht eine zweite Person eine Aussage und das Spiel beginnt von vorne. Fahren Sie damit fort, bis jeder an der Reihe war oder die Gruppe genug geübt hat.

START
alle sitzen
1.
"Aussage zu Raum oder Seminar"
2.
als Beobachtung oder Bewertung
Freiwilliger
Bewertung
3.
Beobachtung
Beobachtung oder Bewertung ?
Pop up !
4.
formuliert um...
bis alle sitzen
5.
Wechsel
Beobachtung: Übung

Einzelarbeit zu meinen Beobachtungen

Kap. 10

In der Übung „Szenen aus dem Alltag“ haben Sie sich ein Erlebnis ausgewählt (z. B. eine Gesprächssituation), das Sie sich im weiteren Verlauf des Seminars mithilfe der vier Schritte der Gewaltfreien Kommunikation näher ansehen wollen.

Schlagen Sie die Seite mit dem Arbeitsblatt „Fallarbeit mit den vier Schritten der Gewaltfreien Kommunikation“ auf und füllen Sie die Zeile unter dem ersten Schritt „Beobachtung“ aus. Was haben Sie in der (Gesprächs-)Situation beobachtet? Was ist bei diesem Erlebnis konkret passiert? Was haben Sie gehört? Was haben Sie wahrgenommen?

Prüfen Sie Ihre Notizen: Streichen Sie alle Formulierungen heraus, die den Konflikt eskalieren lassen: Urteile, Diagnosen, Vergleiche, bewertende Adjektive, Vermischung von Annahmen und Beobachtungen, Verallgemeinerungen, Unklarheiten und Analysen mit Objektivitätsanspruch. Suchen Sie gezielt nach den darunter liegenden Beobachtungen. Statt „Anja hat in der Küche eine Riesensauerei veranstaltet“ heißt es nun: „Anja hat einen Kuchen gebacken und danach die Küche verlassen. Auf dem Tisch und in der Spüle stehen die Reste der Zutaten und die gebrauchten Backutensilien.“

Gefühle (Einführung)

Kap. 11

Jeder Augenblick unseres Lebens wird von Emotionen begleitet. Sie sind der Mantel, der sich jedem Wort, jeder Tat und jeder Sache anhaftet. Sie stehen uns ins Gesicht geschrieben und wir können sie in den Gesichtern anderer Menschen lesen, denn sie sind universell gleich. Sie treten als Reaktion auf innere oder äußere Auslöser auf, können aber auch selbst wiederum Reaktionen auslösen. Sie verwandeln Ereignisse in Erlebnisse. Sie ermöglichen eine Qualität von Verständnis für andere Menschen und deren Absichten, die unser Verstand allein nicht annähernd so schnell zuwege bringt. Sie sind Kompass und Übersetzungssoftware. Sie geben die entscheidenden Hinweise, wenn uns oder anderen etwas für ein zufriedenstellendes Leben fehlt. Sie belohnen Gelingen und Kooperation durch körpereigene Glückshormone.

Eine Welt ohne Gefühle kann man mit einem Flugzeug ohne Anzeigeinstrumente vergleichen. Der Pilot einer modernen Maschine erfasst mit einem Blick, ob der Druckausgleich funktioniert und genug Kerosin an Bord ist. Auf den Menschen übertragen heißt das: Gefühle signalisieren, ob die Bedürfnistanks voll oder leer sind. Angenehme Gefühle weisen auf eine ausreichende Bedürfniserfüllung hin. Unangenehme Gefühle sind ein Alarmsignal. Sie verweisen auf Bedürfnisse, die im Mangel sind. Negative Gefühle gibt es nicht. Die Überbringer der Botschaft sind nicht mit der Botschaft zu verwechseln. Die rote Lampe, die Treibstoffmangel signalisiert, nervt zwar. Sie kaputt zu schlagen oder zu überkleben hilft uns aber nicht, wenn wir über den Ozean kommen wollen.

Unterschiede zwischen Emotionen und Gefühlen

Emotionen sind spontane Reaktionen des Organismus. Das Wort „Emotion“ erklärt sich selbst. Es ist zusammengesetzt aus dem Verb „movere“ und dem Präfix „e“. Die wörtliche Übersetzung lautet: „sich aus etwas heraus bewegen“. Wir reagieren auf Ereignisse, Denkvorgänge, Worte oder Handlungen. Die emotionale Reaktion läuft impulsiv ab. Wie sie ausfällt, ist von unseren Lebensumständen beeinflusst. Biografische Erinnerungen und damit verknüpfte körperliche Empfindungen spielen ebenso eine Rolle wie unser Erbgut und die Kultur, in der wir uns bewegen.

Der US-amerikanische Emotionsforscher Paul Ekman nennt sieben Basisemotionen, die alle Menschen zeigen und verstehen können: Angst, Ärger, Freude, Überraschung, Trauer, Ekel und Verachtung. Basisemotionen werden als universell bezeichnet, weil sowohl Männer als auch Frauen, alte und junge Menschen, Hochhausbewohner in Manhattan und Urwaldbewohner in Papua-Neuguinea über sie verfügen. Sogar unsere nahen Verwandten im Tierreich zeigen ihre Emotionen in einer für uns verständlichen Art und Weise. Unterschiedlich sind Emotionen nur in ihrer Dauer und ihrer Intensität. Dabei ist zu beobachten, dass Menschen mit hoher Emotionsintensität alle Emotionen eher stark ausdrücken: Sie trauern intensiv und feiern intensiv. Bei Menschen mit schwacher Emotionsintensität verhält es sich in umgekehrter Weise ähnlich.

Auf all diese Prozesse haben wir Menschen erstaunlich wenig Einfluss. Die Entstehung von Emotionen lässt sich weder unterdrücken noch willentlich kontrollieren. Schlagartig ändert sich die Körperchemie. Wir verraten unsere Emotionen durch Mimik, Haltung und Stimmlage. Sie sind also beobachtbar und sogar messbar. Während das Ziel einer vollständigen Emotionskontrolle Utopie bleibt, können wir doch immerhin den Zeitpunkt verkürzen, bis wir Zugriff auf unsere Emotionen bekommen. Die Zeitspanne vom unkontrollierten Auftritt einer Emotion bis zur erfolgreichen Emotionsregulierung nennt Ekman „Refraktärphase".

Sobald uns unsere Emotionen bewusst werden, können wir versuchen sie zu steuern. Jetzt sprechen wir nicht mehr von Emotionen, sondern von Gefühlen. Gefühle sind bewusste Wahrnehmungen emotionaler Prozesse. Die subjektive Einschätzung ihrer Bedeutung ist an unsere Fähigkeit zu denken geknüpft. Sie sind häufig ineinander verschachtelt oder hintereinander versteckt. Wir können mit anderen Menschen über sie reden und uns mit unterschiedlichen Methoden über sie klar werden.

Stimmungen und Affekte

Stimmungen ähneln in vielen Punkten emotionalen Zuständen. Allerdings dauern sie länger an. Oft empfinden wir sie weniger intensiv als Emotionen. Stimmungen und ihre Ursachen sind meist nur schwer fassbar. Ihr evolutionärer Nutzen ist umstritten. Sie neigen dazu, unsere Wahrnehmung zu verzerren. Indem sie unser Denken beeinflussen, führen sie zu wiederkehrenden Fehleinschätzungen. Als Signalgeber wirken sie jedoch durchaus unterstützend, wenn wir uns längerfristige persönliche Entwicklungslinien und das Verhältnis zu unseren Umwelten anschauen möchten.

Als Affekte bezeichnet man Emotionen mit großer Brisanz, die mit eingeengter Wahrnehmung und fehlender Willenskontrolle über die von ihnen ausgelösten Handlungen einhergehen. Sie sind häufig das Ergebnis von unbewussten mentalen

Verarbeitungsprozessen, zu denen die Betroffenen situativ keinen oder nur einen verminderten Zugang haben. Sichtbar werden Affekte durch starke Erregung und heftige soziale Handlungsimpulse. Auf Affekte werden wir insbesondere in den Übungen zum Umgang mit starken Emotionen zu sprechen kommen.

Facial Feedback, Imitationsverhalten und Spiegelneurone

Emotionen stellen als Signale des Körpers parallel zu unseren Worten einen eigenen Sprachraum dar. Zum einen helfen sie uns dabei, uns selbst zu verstehen. Sie weisen auf erfüllte oder unerfüllte Bedürfnisse hin. Insofern ist jede Emotion hilfreich und wir vermeiden die Rede von positiven oder negativen Gefühlen. Stattdessen formulieren wir es so: Erfüllte Bedürfnisse erzeugen angenehme Emotionen, unerfüllte Bedürfnisse lösen unangenehme Emotionen aus.

Zum anderen aber hilft uns die Sprache der Emotionen nicht nur gegenüber uns selbst, sondern auch gegenüber anderen. Dafür sind mehrere neurowissenschaftliche Phänomene verantwortlich, die beim zwischenmenschlichen Verständnis eine entscheidende Rolle spielen.

Paul Ekman konnte bereits in den 50er-Jahren des 20. Jahrhunderts empirisch nachweisen, dass alle Menschen auf der Welt über die gleichen emotionalen Ausdrucksmöglichkeiten verfügen. Selbst von Geburt an blinde Menschen zeigen auf dieselbe Weise Trauer oder echt erlebte Freude wie alle anderen Menschen auch. Es kann sich also nicht um ein sozial erlerntes Phänomen handeln, sondern nur um eine genetisch festgelegte Fähigkeit.

Wenn wir auf die Welt kommen, stehen uns weder Sprachfähigkeiten noch ein fertig entwickeltes Gehirn zur Verfügung. Zunächst lernen und kommunizieren wir über Imitation. Unsere persönliche Entwicklungsgeschwindigkeit hängt stark davon ab, wie viel Mühe und Geduld unsere Umwelt bei dem Imitationsspiel aufbringt.

Erst seit kurzer Zeit weiß man, dass Imitation auch bei emotionalen Informationen die Hauptrolle übernimmt. Unser Stammhirn ist auf direktem Weg mit der Mimik verknüpft. Wissenschaftler nennen diesen Austauschprozess „Facial Feedback". Alles, was wir empfinden, zeigen wir in kurzen mimischen Reaktionen. Umgekehrt wirkt sich jede mimische Veränderung auf unser Emotionszentrum aus. Imitieren wir die Gefühlsäußerungen eines anderen Menschen, entsteht in uns Verständnis für dessen Innenleben.

Einen wichtigen Beitrag dazu leisten vermutlich Nervenzellen vom Typ der „Spiegelneurone". Sie verteilen sich auf mehrere Stellen unseres Gehirns und sind für unterschiedliche Arten von Verständigungsprozessen zuständig. Sie erfassen und deuten nicht nur mimische Signale, sondern auch viele andere Reize (akustische und haptische Erlebnisse, Worte, Gerüche, zusätzliche visuelle Wahrnehmungen), deren Verknüpfung dem Menschen Annahmen über die Welt in uns und um uns herum ermöglichen.

Die Theory of Mind

Bereits im Alter von ca. fünf Jahren sind Menschen fähig, einen Perspektivwechsel vorzunehmen. Sie können sich mithilfe der Gesamtheit ihrer Fähigkeiten vorstellen, wie es einem anderen Menschen geht. Sie können zwischen eigenen und fremden Gefühlen unterscheiden, die Motive anderer Menschen nachvollziehen, eigene Resonanzen auf die Gefühle und Gedanken anderer spüren und auf diese Weise Schritt für Schritt ihre Empathiefähigkeit entfalten. Die Neurowissenschaft nennt diesen Prozess „Theory of Mind".

Die Qualität dieses „Lernabenteuers" ist von der begleitenden Umwelt abhängig. Der Neurowissenschaftler Joachim Bauer bezeichnet Empathie als eine „Use-it-or-lose-it"-Fähigkeit. Entscheidend ist, ob Heranwachsende Trainingspartner in der Erwachsenenwelt finden, die ihnen mit Interesse und Wertschätzung begegnen. Gestört wird die Entwicklung von Empathie zum Beispiel durch übergriffiges Verhalten, die Vermittlung von Richtig / falsch-Denken, die Aberkennung von vorhandenen Gefühlen, Stigmatisierung innerhalb von Familien und Bezugsgruppen, wiederholte Schuldzuweisungen oder Gewalthandlungen.

Echte und Pseudogefühle

Die Gewaltfreie Kommunikation unterscheidet zwischen Primär-, Sekundär- und Pseudogefühlen. Primär- und Sekundärgefühle erfüllen die Voraussetzungen für „echte Gefühle". Sie sind erstens körperlich erlebbar, sie können zweitens bei allen Menschen beobachtet werden und man kann ihnen drittens eine Ich-Botschaft (zum Beispiel in Form der Redewendung „ich bin …") voranstellen.

Beispiel: Traurige Menschen lassen Mundwinkel und Schultern hängen. Neugierige Menschen richten sich auf und fühlen sich energetisiert. Sie können von sich sagen: „Ich bin wach. Ich bin neugierig. Ich bin energetisiert."

Gefühle, die eine reine Ich-Botschaft enthalten und den drei Kriterien eines echten Gefühls entsprechen, nennen wir Primärgefühle. Die meisten Gefühlsäußerungen der Alltagssprache (ca. 80 Prozent) beinhalten jedoch keine echten Gefühle, sondern hauptsächlich Schuldzuweisungen. Der Satz „Ich fühle mich ausgenutzt ..." konstruiert ein Täter-Opfer-Verhältnis. Entsprechend misslingt die Aussage „Ich bin ausgenutzt". Ähnlich verhält es sich mit Formulierungen wie „Ich fühle mich unter Druck gesetzt" oder „Ich fühle mich geliebt." Letztere Aussage klingt zwar im Gegensatz zu den vorangestellten positiv, ist aber ebenfalls in erster Linie eine Bewertung von einem (erwünschten) Verhalten und deshalb ein Pseudogefühl.

Zwischen Primär- und Pseudogefühlen gibt es noch die besonders herausfordernde Gruppe der Sekundärgefühle. Bei Sekundärgefühlen vermischen sich Primärgefühle mit Gedanken oder Pseudogefühlen. Sekundärgefühle sind zwar echte Gefühle, denn sie enthalten Ich-Botschaften und sind körperlich erlebbar. Im Unterschied zu Primärgefühlen verfestigen sie sich jedoch wie ein Zweikomponentenkleber (ein Gemisch aus Gefühl und Gedanke) hart wie Beton. Ein typisches Sekundärgefühl ist Ärger. Ärger äußert sich körperlich. Es schüttelt uns, er führt zu Falten auf der Stirn und körperlicher Anspannung. Gleichzeitig ist Ärger mit dem Gedanken verknüpft, dass irgendjemand etwas falsch macht. Eine weitere häufige Ursache für Ärger ist Selbstverurteilung.

Während sich Primärgefühle in Abhängigkeit von der jeweiligen Situation schnell verändern (zum Beispiel von Überraschung zu Freude oder von Unsicherheit zu Angst), bleiben Sekundärgefühle häufig bestehen. Wenn ich hundertmal denke, der Nachbar schadet mit seinem Verhalten meinem Garten, kann ich mich stunden- oder tagelang unterbrochen darüber ärgern. Der Bauch verspannt sich immer stärker, der Kopf brummt. Erst wenn ich die Bedürfnisse und die Primärgefühle hinter meinen Sekundärgefühlen erspüre, wird die innere Erlebniswelt wieder dynamisch. Bin ich traurig oder frustriert? Wünsche ich mir einen konstruktiven Dialog oder Respekt vor meinem Eigentum? Der Arbeit mit „Sekundärgefühlen" widmen sich u. a. das Kapitel „Selbstempathie" und die „Übung zum Auflösen von Ärger".

Verantwortung für die eigenen Gefühle übernehmen

Die Übernahme von Verantwortung für eigene Gefühle ist ein zentraler Baustein und ein Meilenstein beim Erlernen der Gewaltfreien Kommunikation. Verantwortung für die eigenen Gefühle zu übernehmen heißt: Meine Gefühle sind nicht von anderen abhängig! Möglicherweise wird ein Gefühl durch die Handlung oder die Worte meines Gegenübers ausgelöst. Wie ich das bewerte und wie ich darauf reagiere, ist jedoch überwiegend von meinen Bedürfnissen, meiner Wahrnehmung (Kultur, Prägung etc.) und meinem Befinden abhängig. Der klassische Satz „Ich fühle mich (...), weil du (...)“ führt in eine Verstrickung von Schuld und Abhängigkeit.

Gewaltfreie Kommunikation kann das Erspüren der eigenen Gefühle und das Verstehen der damit verknüpften Bedürfnisse erleichtern. Sie lehrt uns Selbstempathie, klaren Selbstausdruck und die Suche nach Lösungen, die auf den Bedürfnissen der Beteiligten basieren. Wer diesen Punkt erreichen will, kann die eigene emotionale Verstrickung anhand konkreter Erlebnisse reflektieren, bis der gesellschaftlich erlernte Automatismus, anderen die Schuld für die eigenen Gefühle zu geben, seine Macht verliert.

Leitfragen im Umgang mit Gefühlen

Sie können Fragen zu Gefühlen entweder offen stellen oder eine Vermutung äußern, wie es Ihrem Gegenüber geht. Bei der „empathischen Spekulation“ ist es wichtig, dass Sie Ihre Vermutung nicht als Behauptung, sondern auch im Frageton oder zumindest mit der Möglichkeit zur Korrektur („..., ist das richtig?“) anbieten.

- Wie ging es Ihnen, als Sie ... (das gehört haben, jenes gesehen haben ...)?
- Welche Gefühle hat das bei Ihnen ausgelöst?
- Erinnern Sie sich, was Sie in dem Augenblick gefühlt haben?
- Wie fühlen Sie sich jetzt gerade?
- Sind Sie gerade ... (aufgeregt, happy, unzufrieden ...)?
- Wenn ich Sie richtig verstehe, ... (haben Sie die Sorge, sind Sie glücklich ...)?
- Ich habe den Eindruck, Sie sind ... (traurig, gerührt, perplex ...). Ist das richtig?

Straßengiraffisch

Wir haben festgestellt, dass nicht alle Gefühlswörter zu jeder Situation und zu jeder Zielgruppe passen. Gegenüber einem dreijährigen Kind verwenden Sie eventuell ein anderes Vokabular als gegenüber einer Universitätsprofessorin. Die flexible Anpassung unseres Sprachgebrauchs an die Umstände und die Empfänger nennen wir „straßengiraffisch". In diesem Buch finden Sie dazu eine passende Übung.

Ein Vokabular für Emotionen und Gefühle

Paul Ekman hat die Gefühlswelt des Menschen viele Jahre lang erforscht und die genannten sieben Basisemotionen identifiziert. Unsere Sprache würde sich allerdings hölzern anhören, wenn wir uns in Unterhaltungen über Gefühle auf diese sieben Vokabeln beschränken würden. Menschen sind sprachlich in der Lage, feine Nuancen und Untertöne von Gefühlen zu beschreiben. Auf diese Weise werden unsere Gespräche feinfühliger, ergiebiger und auch unterhaltsamer.

Deshalb haben wir für Sie 170 Gefühlsbegriffe zusammengetragen, die wir im Rahmen der Gewaltfreien Kommunikation und der professionellen Konfliktklärung empfehlen. Wir haben jeden dieser Begriffe ausführlich mit Trainerkollegen diskutiert. Zu manchen Begriffen gab es unterschiedliche Meinungen: Ist das ein Primärgefühl, ein Sekundärgefühl oder eher schon ein Pseudogefühl? Zu unserer und Ihrer Entlastung möchten wir an einen Satz von Marshall Rosenberg erinnern: Im Wesentlichen kommt es auf die Haltung hinter unseren Worten an.

Auf der Homepage von Al Weckert http://www.empathie.com finden Sie die Listen mit Gefühlen und Bedürfnissen als PDF-Datei zum Ausdrucken im praktischen Postkartenformat.

Angenehme Gefühle

angeregt	erstaunt	munter
aufgedreht	erwartungsvoll	mutig
aufgeregt	fasziniert	neugierig
ausgeglichen	frei	optimistisch
befreit	friedlich	ruhig
begeistert	froh	sanft
behaglich	fröhlich	satt
belebt	gebannt	schwungvoll
berauscht	geborgen	selbstsicher
beruhigt	gefesselt	selig
berührt	gelassen	sicher
beschwingt	gerührt	sorglos
bewegt	gesammelt	still
dankbar	gespannt	stolz
eifrig	gesund	überglücklich
ekstatisch	glücklich	überrascht
energetisiert	gutgelaunt	überwältigt
engagiert	heiter	unbeschwert
enthusiastisch	hellwach	vergnügt
entlastet	hoffnungsvoll	verliebt
entschlossen	inspiriert	vertrauensvoll
entspannt	klar	wach
entzückt	kraftvoll	weit
erfreut	lebendig	wissbegierig
erfrischt	leicht	zärtlich
erfüllt	locker	zufrieden
ergriffen	lustig	zugeneigt
erleichtert	motiviert	zuversichtlich

Unangenehme Gefühle

alarmiert	frustriert	sauer
angespannt	furchtsam	scheu
ängstlich	gehemmt	schlapp
apathisch	geladen	schüchtern
ärgerlich	gelähmt	schwer
aufgeregt	gelangweilt	schwermütig
ausgelaugt	genervt	sorgenvoll
bedrückt	hart	teilnahmslos
besorgt	hasserfüllt	tot
bestürzt	hilflos	träge
betroffen	in Panik	traurig
betrübt	irritiert	überwältigt
beunruhigt	kalt	unbehaglich
bitter	kraftlos	ungeduldig
blockiert	leer	unglücklich
deprimiert	lethargisch	unruhig
durcheinander	matt	unsicher
eifersüchtig	miserabel	unter Druck
einsam	müde	unwohl
elend	mutlos	unzufrieden
empört	nervös	verbittert
enttäuscht	niedergeschlagen	verspannt
ernüchtert	ohnmächtig	verwirrt
erschlagen	panisch	verzweifelt
erschöpft	perplex	widerwillig
erschrocken	ratlos	wütend
erschüttert	resigniert	zappelig
erstarrt	ruhelos	zornig

Pseudogefühle

abgelehnt
abgeschnitten
akzeptiert
allein gelassen
an den Pranger gestellt
an die Wand gestellt
angegriffen
attackiert
ausgebeutet
ausgenutzt
ausgeschlossen
ausgestoßen
beachtet
bedroht
belästigt
beleidigt
belogen
benutzt
beschuldigt
beschützt
bestätigt
bestraft
betrogen
bevormundet
deplatziert
diskriminiert
dominiert
entmutigt
enttäuscht
erdrückt
erniedrigt
ernst genommen
festgenagelt
frustriert
gedrängt
geehrt
gelangweilt
geliebt
gemaßregelt
gemobbt
gequält
geschmeichelt
gesehen
getäuscht
gewürdigt
gezwungen
gut beraten
herabgesetzt
hereingelegt
hintergangen
ignoriert
im Mittelpunkt
in die Ecke gedrängt
in die Enge getrieben
isoliert
kleingemacht
lächerlich gemacht
manipuliert
minderwertig
missachtet
missbraucht
missverstanden
nicht anerkannt
nicht ehrlich behandelt
nicht einbezogen
nicht ernst genommen
nicht geliebt
ungerecht behandelt
nicht gesehen
nicht respektiert
nicht unterstützt
nicht verstanden
nicht wertgeschätzt
provoziert
reingelegt
sabotiert
schikaniert
schlecht behandelt
schön
sympathisch
totgequatscht
über den Tisch gezogen
überfordert
übergangen
überlistet
unerwünscht
ungehört
ungeliebt
unter Druck gesetzt
unterbezahlt
unterdrückt
unverstanden
unwichtig
verärgert
verarscht
verfolgt

Gefühle anhand von Situationen erraten

Kap. 12

Jedes Kind kennt das Gefühl der Vorfreude, wenn es am Vorabend seines Geburtstags ins Bett geht und an die kommenden Geschenke denkt. Jeder kennt das Gefühl der Atemlosigkeit, wenn man sich auf einem Schlitten oder einem Paar Ski den Abhang hinunterstürzt. Jeder kennt das Grummeln im Bauch, wenn man den Briefkasten öffnet und den Umschlag einer unerwarteten Rechnung öffnet.

Mit diesen Emotionen spielen Literatur und Film. Weihnachtsbeleuchtung, Schneefall, Flirt, eine Auszeichnung, Überraschungsbesuch oder das Herabfallen eines vollen Tabletts lösen bei allen Menschen ähnliche Grundgefühle aus. Dann brüllt ein ganzer Kinosaal vor Lachen. Oder Tausenden von Konzertbesuchern steigen die Tränen in die Augen.

Nicht nur Regisseure und Komponisten, sondern auch Sie können mit dieser Art Situationen spielen. Dazu brauchen Sie lediglich ein bis fünf Spielpartner und keine weiteren Materialien.

Anleitung zur Übung „Situationen nach Gefühl erkennen"

Teilnehmer 1 denkt sich eine Situation aus, die auch den anderen Teilnehmern bekannt sein könnte. In unserem Beispiel wählt Teilnehmer 1 das Beispiel „Heiratsantrag". Dann beschreibt Teilnehmer 1 den Mitspielern, was er erlebt, während er einen Heiratsantrag erhält. Die Beschreibung läuft mehr oder weniger rein auf der emotionalen Ebene ab. Je weniger Details zu den Umständen genannt werden, desto schwieriger ist das Rätsel zu lösen.

> **Beispiel:** „Es duftet gut, um uns herum. Ich habe bereits ein Glas Wein getrunken, bin satt und fühle mich sehr entspannt. Heiterkeit und ein Gefühl von Nähe erfüllen den Raum. Dann breitet sich überraschend Stille aus. Ich werde aufmerksam und neugierig. Je länger die Stille dauert, desto unruhiger werde ich. Ich habe den Eindruck, dass etwas Wichtiges passiert. Meine Begleitung sagt etwas zu mir. Mir bricht der Schweiß aus und die Beine werden weich. Gut, dass ich sitze. Vor Aufregung bekomme ich kein Wort heraus. Die Gedanken schießen quer durch meinen Kopf. Dann beginne ich vor Freude zu strahlen. Mein ganzer Körper wird von einer Welle der Euphorie geschüttelt ..."

Während Teilnehmer 1 erzählt, dürfen die übrigen Teilnehmer durch Hereinrufen raten, worum es in der Situation geht. Sobald ein Teilnehmer „Heiratsantrag“ ruft, ist die Spielrunde beendet. Anschließend erzählt Teilnehmer 2 von einem typischen emotionalen Erlebnis.

Sie können den Schwierigkeitsgrad variieren, indem Sie mit unterschiedlichen Ausprägungen der Abstraktion experimentieren. Der Erzähler kann die Liste mit Gefühlen benutzen, um möglichst exakte und differenzierte Emotionen in den Erzählfluss einzuweben. Je länger sich die Geschichte hinzieht, desto mehr Rahmenhandlung können Sie einbeziehen. Bei dieser Übung kann es hoch hergehen. Je mehr Engagement die Teilnehmer zeigen, desto stärker aktivieren sie ihren Organismus.

Kap. 13

Gefühle sortieren

Lassen Sie sich von der Überschrift nicht auf die falsche Fährte führen. In dieser Übung geht es nicht darum, dass Sie Ihre eigenen Gefühle sortieren, um Klarheit über Ihr Befinden zu bekommen. Stattdessen trainieren Sie bei dieser Übung, die Begriffe der Listen für angenehme und unangenehme Gefühle in zueinander passende Gruppen zu ordnen.

Vorarbeit zur Übung „Gefühle sortieren"

Zunächst müssen Sie einen Satz Gefühlskarten herstellen. Dafür gibt es mehrere Wege.

- Sie vergrößern die Listen mit einem Kopierer und schneiden die Wörter anschließend aus.
- Sie drucken die Vorlage aus, die Sie auf der Seite ↗ http://www.empathie.com finden.
- Die Gruppe schreibt mit Moderationsmarkern für jedes Gefühlswort eine Moderationskarte.

Ein Trick, um schnell einen Satz Karten herzustellen

Die schnellste Art und Weise, um einen Satz Gefühle- oder Bedürfniskarten herzustellen, geht so: Die Teilnehmer sitzen im Kreis. Teilnehmer 1 nimmt sich die Liste mit Gefühlen und Bedürfnissen. Die anderen Teilnehmer haben jeweils einen Stapel Karten und einen Moderationsmarker in der Hand. Teilnehmer 1 liest nun ein Gefühl nach dem anderen vor und zeigt im Uhrzeigersinn bei jedem neuen Wort auf den nächsten Teilnehmer. Sobald die Runde komplett ist, beginnt er von vorne. Der Teilnehmer, der das erste Wort aufgeschrieben hat, ist inzwischen fertig mit Schreiben und die nächste Runde kann ohne Innehalten beginnen. In Nullkommanichts ist der Kartensatz fertig.

Anleitung zur Übung „Gefühle sortieren" Runde 1: Cluster bilden

Die angenehmen und unangenehmen Gefühle werden getrennt oder vermischt auf einem oder mehreren Tischen ausgebreitet. Die Teilnehmer bekommen die Aufgabe, die Gefühlswörter in Gruppen zu ordnen. „Welche Gefühle gehören zu einer Emotionsfamilie?" Abschließend sollen die Teilnehmer zu jeder Gruppe eine passende Überschrift finden. Die Wörter „wütend", „ärgerlich", „sauer", „empört", „geladen", „genervt" und „hasserfüllt" gehören beispielsweise in die Emotionsfamilie „Ärger".

Anleitung zur Übung „Gefühle sortieren" Runde 2: Skalieren

Kap. 15

Die Teilnehmer legen die Gefühle einer Emotionsfamilie in einer Reihe aus. Dann versuchen Sie eine Reihenfolge zu bilden, die sich an der Gefühlsintensität orientiert (von schwach bis stark). Da mit den Begriffen persönliche Erfahrungen verbunden sind, ist das Ranking eine ziemlich subjektive Angelegenheit. Die Teilnehmer sollen die Begriffe kontrovers diskutieren und sich dann auf eine vorläufige Reihenfolge einigen. Bei der Wortfamilie „Ärger" könnte die Reihenfolge lauten: „ärgerlich", „genervt", „empört", „sauer", „wütend", „geladen", „hasserfüllt".

Hätten Sie eine andere Reihenfolge gewählt? Auch gut! Bei dieser Übung geht es lediglich darum, ein Gefühl für die unterschiedlichen Intensitäten von Emotionen zu bekommen.

Alternative Anleitung zur Übung „Gefühle sortieren": Basisemotionen clustern

Alternativ können die Teilnehmer die Gefühlskarten auch den Basisemotionen nach Ekman zuordnen. Dafür legen Sie Moderationskarten mit den Überschriften „Ärger", „Angst", „Ekel", „Verachtung", „Überraschung", „Trauer" und „Freude" auf den Tisch. Die Teilnehmer bekommen die Aufgabe, alle Gefühlsbegriffe den passenden Überschriften zuzuordnen.

Gefühle im Kreis assoziieren

Kap. 14

Emotionen treten in unterschiedlichen Varianten und Intensitäten auf. Nicht jeder verwendet die gleiche Bezeichnung für eine Emotion oder Empfindung. Die Verwendung von Gefühlswörtern unterscheidet sich auch in Abhängigkeit vom kulturellen Hintergrund, von der Sozialisation und vom Alter eines Menschen. Die nachfolgenden Übungen helfen Ihnen dabei, maximale Flexibilität bei der Verwendung passender Gefühlswörter zu entwickeln.

Gefühlskreis mit Gefühlswort-Varianten

Bilden Sie Kleingruppen mit drei bis sechs Personen. Die Teilnehmer halten ihre Listen mit Gefühlen und Bedürfnissen in den Händen. Teilnehmer 1 nennt ein Gefühl von der Liste. Die anderen nennen, ohne auf ihre Liste zu schauen, reihum Gefühlswörter, die dem genannten Gefühl ähnlich sind oder nahe kommen.

Beispiel 1: Teilnehmer 1 bringt das Wort „motiviert“ in den Kreis. Die übrigen Teilnehmer variieren „motiviert“ mit „enthusiastisch“, „lustvoll“, „begeistert“, „engagiert“ und „wissbegierig“.

Beispiel 2: Teilnehmer 2 fährt mit dem Wort „frustriert“ fort. Die übrigen Teilnehmer bringen als Varianten ein: „genervt“, „hoffnungslos“, „bitter“, „ohnmächtig“ und „unglücklich“.

In der Wirklichkeit kann es vorkommen, dass Sie Ihren Gesprächspartner auf dessen frustrierten Gesichtsausdruck ansprechen, er aber Ihre Vermutung zurückweist: „Nein, ich bin überhaupt nicht frustriert.“ An dieser Stelle müssen Sie nicht zwangsläufig aufgeben. Eine zweite Hypothese kann zielführend sein: „Fühlst du dich ohnmächtig angesichts der Entwicklung? Wünschst du dir eine Idee, wie du erfolgreich mit steuern könntest?“ Möglicherweise trifft die Formulierung „ohnmächtig“ das Befinden Ihres Gegenübers besser als das Wort „frustriert“.

Gefühlskreis mit Gefühlswort-Steigerungen

Manchmal verfehlen unsere Worte den Empfänger, weil sie nicht das Niveau seiner inneren Erregung treffen. Eine Person, der gerade ihr Koffer inklusive aller persönlichen Papiere geklaut wurde, ist sicher nicht bedrückt, sondern eher verzweifelt, niedergeschlagen oder tief traurig. Der Empfänger zeigt meist sehr deutlich, ob unsere Worte seine Empfindungen treffen. Wenn wir zu tief gestapelt haben, lohnt es sich, eine Schippe draufzupacken: „Sie sind nicht nur bedrückt, sie sind ja völlig verzweifelt. Sehe ich das richtig?“ In dem Moment, in dem wir den Emotionslevel angemessen treffen, entsteht starker Kontakt.

Bei dieser Übung setzen sich wieder drei bis sechs Personen in einen Kreis. Teilnehmer 1 nennt eine schwache Form von Gefühlswort: zum Beispiel „angespannt“. Teilnehmer 2 steigert den Gefühlsbegriff: „sorgenvoll“. Es geht weiter mit „nervös“, „ruhelos“ und „alarmiert“, bis die Steigerung vielleicht bei dem Wort „panisch“ anlangt.

Auch diese Übung hat einen überragenden Praxisbezug. In vielen Dialogen ermutigt eine angemessene Steigerung oder eine absichtliche Drastifizierung den Zuhörer dazu, sich zu öffnen und Klartext zu reden.

Gefühle körpersprachlich erraten

Kap. 16

In dieser Übung geht es um die Wahrnehmung von Emotionen und das Erspüren von inneren Resonanzen auf die Wahrnehmung von Emotionen. Beide Elemente sind Kernbestandteile von Empathiefähigkeit.

Anleitung für die Übung „Gefühle körpersprachlich erraten", Variation 1

Die Teilnehmer stellen sich in einen Kreis auf. Teilnehmer 1 sucht sich ein Gefühl von der Liste aus. Dieses Gefühl stellt er körpersprachlich dar. Er setzt dabei sowohl das Gesicht als auch den restlichen Körper ein. Angst kann zum Beispiel durch aufgerissene Augen, nach hinten gespannte Mundwinkel und gepresste Hände gespielt werden.

Die übrigen Teilnehmer erraten das gespielte Gefühl. Sie rufen ihre Vermutungen in den Raum hinein. Sobald das Gefühl erraten wurde, ist der nächste Teilnehmer mit einer Gefühlspantomime an der Reihe.

Diese Übung schärft den Blick für den Gesprächspartner. Durch das laute Raten werden viele unterschiedliche Begriffe wiederholt und memoriert. Wir raten den Teilnehmern, die Auflösung des Rätsels zunächst durch bloßes Hinschauen zu versuchen. Falls das nicht klappt, empfehlen wir einen Blick auf die Listen.

Anleitung für die Übung „Gefühle körpersprachlich erraten", Variation 2

Die folgende Variation eignet sich für den Morgenkreis. Die Teilnehmer stellen sich wie in Variation 1 beschrieben kreisförmig auf. Teilnehmer 1 nimmt sich einen Augenblick Zeit, um sich in sich selbst einzufühlen. Dann spielt er die Emotion vor, die am heutigen Morgen in seinem Erleben die Hauptrolle gespielt hat. Die anderen Teilnehmer erraten das aktuelle Grundgefühl von Teilnehmer 1. Anschließend erzählt Teilnehmer 1 in wenigen Sätzen, wie es ihm am heutigen Morgen geht.

Mit dieser Übung lässt sich eine Wiederholung des Gefühle-Vokabulars mit einem Gruppenerlebnis und einem kurzen Empathieprozess verknüpfen.

Gefühle durch Nachahmung erraten

Kap. 17

Teilnehmer 1 sucht sich ein Gefühl von der Liste aus und spielt es vor. Die übrigen Teilnehmer ahmen den körpersprachlichen Gefühlsausdruck nach. Sie aktivieren dabei bewusst neuronale Spiegelungsprozesse. Auf das Signal des Spielleiters hin rufen sie ihre Vermutung in den Kreis, bis das richtige Gefühlswort genannt wird.

Stille Post mit Gefühlen

Kap. 18

Als Mensch bringen wir alles Notwendige mit, um unserem Gegenüber anzusehen, wie es ihm gerade geht. Stellen Sie sich vor, wie Sie einen Raum betreten, der mit fünf bis zehn anderen Personen gefüllt ist. Automatisch lassen Sie den Blick schweifen. Falls Sie nicht gerade einen Überfall planen, schauen Sie ihrem Gegenüber dabei ins Gesicht.

Doch Ihr Gehirn leistet noch weit mehr als nur das. Menschen verfügen über die Fähigkeit des peripheren Sehens. Sobald Sie die Gesichter einzelner Personen betrachten, scannen Sie bewusst oder unbewusst die übrige Umgebung mit. Dabei speichern Sie Besonderheiten der Körperhaltung, der Bewegungsart und sonstige Auffälligkeiten ab. Sie nehmen nicht nur das Gesicht der Person in Ihren Fokus, sondern auch das der Nachbarpersonen wahr.

Daumencheck für den peripheren Blick

Machen Sie einen kleinen Selbstversuch. Stellen Sie sich aufrecht hin und halten Sie Ihre Arme ausgestreckt und waagerecht vor sich hin, sodass sie sich berühren. Richten Sie Ihre beiden Daumen in die Höhe. Betrachten Sie Ihre Daumen. Bewegen Sie die Daumen nun waagerecht auseinander. Schwenken Sie Ihre Arme langsam nach außen: Der rechte Daumen wandert nach rechts, der linke nach links. Schauen Sie dabei weiter geradeaus. Die Daumen verschwinden immer weiter aus Ihrem Blickfeld. Halten Sie inne, wenn Sie beide Daumen gerade noch erkennen können. Sie messen jetzt den äußersten Winkel Ihres Blickfeldes. Erstaunlich, was Sie alles mit einem Blick einfangen können. Das ist der periphere Blick.

Ablauf der Übung „Stille Post mit Gefühlen"

Jeder Teilnehmer sucht sich aus der Liste mit Gefühlen und Bedürfnissen mehrere angenehme und unangenehme Gefühle aus. Wir schlagen unseren Teilnehmern bei dieser Übung die Auswahl von Gefühlswörtern vor, die sie einerseits interessant finden, andererseits aber bislang wenig gebrauchen (daraus entsteht ein spezieller Lernnutzen). Die Teilnehmer schreiben die Begriffe mit einem Moderationsmarker auf Moderationskarten. Auf jeder Karte steht nur ein einziger Gefühlsbegriff (z. B. „kraftvoll", „nervös" oder „gespannt").

Nun werden Gruppen mit vier bis sieben Teilnehmern gebildet. Jede Teilnehmergruppe bekommt eine Stellwand zugewiesen, an die sie ihre Gefühlsbegriffe anpinnt. Sollten einzelne Wörter doppelt vorkommen, so ist dies kein Problem. Eine Ordnung ist nicht notwendig. Falls keine Stellwände zur Verfügung stehen, können die Teilnehmer ihre Wörter mit Kreppband auf ein Flipchart, eine Tür oder eine Wand (vorher um Erlaubnis fragen) kleben.

Anschließend stellen sich die Teilnehmer wie an einer Supermarktkasse in einer Schlange mit Blick auf die Stellwand auf. Der hinterste Teilnehmer (Teilnehmer 1) sucht sich aus der Kartenauswahl stumm einen Gefühlsbegriff aus. Dann tippt er seinem Vordermann (Teilnehmer 2) von hinten auf die Schulter. Der Vordermann dreht sich um und schaut Teilnehmer 1 an. Teilnehmer 1 stellt das Gefühl, dass er sich ausgesucht hat, körpersprachlich dar. Er versetzt sich in das Gefühl, zeigt eine entsprechende Mimik und Körperhaltung. Achtung: Hier geht es um eine pantomimische Darstellung, so, wie sich das Gefühl im echten Leben zeigt. Im Fall von Müdigkeit erschlafft beispielsweise der Körpertonus, während die Augenlieder langsam herabsinken. Symbole (bei Müdigkeit den Kopf zu Seite auf die gefalteten Hände legen) und andere Hinweise (wie schnarchen) sind nicht erlaubt.

Teilnehmer 2 versucht stumm zu erraten, welches Gefühl gezeigt wird. Dann dreht er sich wieder zur Kartenwand um, tippt seinem Vordermann (Teilnehmer 3) auf die Schultern und gibt das Gefühl weiter. Wie bei dem alten Kinderspiel „Stille Post" wird die Botschaft weitergereicht, ohne dass Gewissheit besteht, ob man den Begriff richtig gedeutet hat. Wenn das Signal bei der vordersten Person angekommen ist, darf diese raten, um welches Gefühl es geht. Teilnehmer 1 bejaht, falls das richtige Gefühl geraten wurde. Wurde ein falsches Gefühl erraten, dürfen die anderen Teilnehmer Mutmaßungen äußern. Errät niemand das richtige Gefühl, löst Teilnehmer 1 das Rätsel auf.

Mit diesem Spiel lassen sich viele spannende Phänomene demonstrieren. Sehr häufig liegen die Teilnehmer mit ihren Mutmaßungen richtig. Das zeigt, wie gut Menschen Körpersprache verstehen. Oft liegen Teilnehmer immerhin *fast* richtig. Statt auf „mutlos" tippen sie zum Beispiel auf „gehemmt". Dadurch wird klar, dass innerhalb der Gefühlsfamilien Ähnlichkeiten bestehen. Manche Teilnehmer können sich die Gefühle ihres Hintermanns nicht durch Beobachtung erschließen. Trotzdem liegen sie intuitiv richtig. Das zeigt, warum es sinnvoll ist, auf innere Resonanzen zu achten.

Bei dieser Übung wird viel gelacht. Wir Trainer schätzen das! Die Arbeit mit Gewaltfreier Kommunikation fällt Gruppen einfacher, wenn sich Leichtigkeit und Tiefgang abwechseln.

Mimikresonanz

Kap. 19

Das Erkennen von Emotionen ist erlernbar. Bei unserem „Tanz auf dem Vulkan"-Seminar (für dem Umgang mit starken Emotionen) verknüpfen wir seit vielen Jahren Körpersprache mit Gewaltfreier Kommunikation. Doch insbesondere das Mimikresonanz-Training von Dirk W. Eilert hat die Deutung von Gesichtsausdrücken wesentlich erleichtert.

Jeder Mensch verfügt über dieselbe Grundausstattung von Emotionen. Die dazugehörigen Gesichtsausdrücke sehen bei jedem Menschen gleich aus, unabhängig von Herkunft, Geschlecht und Altersklasse. Sie sind auch nicht vollständig kontrollierbar. Alles, was wir fühlen, zeigen wir für einen kurzen Moment im Gesicht.

Weil wir auch alles fühlen, was wir im Gesicht abbilden, ist das Nachahmen anderer Menschen der einfachste Weg, um unser Gegenüber zu verstehen. Gegenseitiges Spiegeln ist ein wesentliches Element zwischenmenschlicher Verständigung. Es ist die Sprache, die Eltern und Babys miteinander verbindet. Wir benutzen diese Sprache bis ins hohe Alter weiter.

Leider gewöhnt uns die Erziehung im Elternhaus, im Kindergarten und in der Schule einen Großteil unserer natürlichen Mimikresonanz-Fähigkeiten wieder ab. Zu oft wird das Vorhandensein von Gefühlen entweder nicht wahrgenommen, ignoriert oder sogar aberkannt. Unangemessene Reaktionen auf Gefühle lassen uns an deren Echtheit und Berechtigung zweifeln.

Als Ersatz perfektionieren wir in der Schule andere Fähigkeiten wie Lesen und Schreiben. Tests zeigen, dass wir Wörter lesen können, die uns nur für Bruchteile von Sekunden gezeigt werden. Mimische Signale, die genauso kurz gezeigt werden, werden hingegen meistens übersehen. Dieses Phänomen betrifft den wichtigen Bereich der Mikroexpressionen.

Mikroexpressionen sind mimische Signale, die sich weniger als eine halbe Sekunde (maximal 500 Millisekunden) im Gesicht zeigen. Es handelt sich dabei um unbewusste oder unterdrückte emotionale Reaktionen, die den Gesprächsfluss begleiten. Sie wurden 1966 eher zufällig von Ernest A. Haggard und Kenneth S. Isaacs entdeckt.

Mimikresonanz trainiert 1) die Wahrnehmung von mimischen Veränderungen, 2) die Zuordnung unserer Beobachtungen im System der Basisemotionen und 3) den angemessenen Umgang mit Emotionen. Im Umgang mit Emotionen verfügen Anwender der Gewaltfreien Kommunikation bereits über vielfältiges Know-how. Punkt 1 und 2 können Sie mit einem Mimikresonanz-Training erheblich verbessern.

Mimikresonanz im GFK-Grundkurs

Weil in einem dreitägigen GFK-Grundkurs der Raum fehlt, um Mimikresonanz vollständig zu erlernen, bieten wir ergänzend zweitägige Mimikresonanz-Trainings an. Damit jedoch Aufmerksamkeit für die Wahrnehmung mimischer Veränderungen entsteht, führen wir auch im Basiskurs in die sieben Basisemotionen ein, die Paul Ekman im „Facial Action Coding System“ (FACS) beschrieben hat und die durch die Fernsehserie *Lie to me* weltweit bekannt wurden.

Die Basisemotionen (nach Paul Ekman)

Angst
- Augenbrauen sind nach oben und zusammengezogen.
- Obere Augenlieder sind angehoben.
- Untere Augenlieder sind angespannt.
- Lippen sind nach außen gespannt (oft leicht geöffnet).

Überraschung
- Augenbrauen sind nach oben gezogen.
- Obere Augenlider sind angehoben.
- Mund ist entspannt geöffnet (fallen gelassen).

Ärger
- Augenbrauen sind nach unten und zusammengezogen.
- Obere Augenlider sind angehoben.
- Untere Augenlider sind angespannt.
- Lippen sind zusammengepresst.
- Manchmal kommt ein Kinnvorstoß dazu.

Ekel Ausdruck 1
- Augenbrauen sind nach unten gezogen.
- Nase ist gekräuselt.
- Oberlippe ist leicht hochgezogen.
- Untere Lippe ist manchmal auch hochgezogen.

Ekel Ausdruck 2
- Oberlippe ist hochgezogen.
- Mund ist leicht geöffnet.

Trauer
- Augenbrauen-Innenseite ist nach oben gezogen.
- Oberes Augenlied ist gesenkt.
- Mundwinkel sind nach unten gezogen.
- Kinnbuckel ist leicht angehoben.

Verachtung
- Mundwinkel ist auf einer Seite nach innen gepresst (sieht aus wie nach oben gezogen).

Freude
- Augendeckfalte ist abgesenkt (zuverlässiges Zeichen).
- Mundwinkel sind angehoben.

Anleitung für die Übung „Mimikresonanz im Morgenkreis"

Die Teilnehmer bekommen nach der Begrüßung im Morgenkreis die Aufgabe, ihren ganz persönlichen Start in den Tag vor dem inneren Auge vorbeiziehen zu lassen. Anschließend bekommt jeder Teilnehmer vier Moderationskarten und einen Moderationsmarker in die Hand. Wir geben den Teilnehmern folgende Aufgabe: „Was ist Ihnen heute schon alles passiert? Welche Ereignisse haben bei Ihnen Emotionen ausgelöst? Es kann sich dabei um etwas Großes (wie zum Beispiel die Nachricht von einer schweren Erkrankung im Freundeskreis) oder etwas ganz Kleines (ein kurzer Spaziergang mit dem Hund) handeln. Suchen Sie sich vier Morgenerlebnisse aus und erinnern Sie sich an die dazugehörigen Gefühle zurück. Geben Sie jedem Erlebnis eine Überschrift (wie zum Beispiel „Ausgedehntes Frühstück mit meinem Partner") und schreiben Sie die Überschriften auf Ihre Karten. Bei vier Ereignissen hält also jeder Teilnehmer am Ende vier beschriftete Moderationskarten in der Hand. Bitte behalten Sie die dazugehörigen Emotionen noch für sich.

Teilnehmer 1 wendet sich seinem Sitznachbarn (Teilnehmer 2) zu und zeigt ihm (und der Restgruppe) seine erste Moderationskarte. Dabei spielt er mimisch vor, wie er sich gerade fühlt. Teilnehmer 2 spekuliert in einem Satz darüber, was passiert ist und wie sich Teilnehmer 1 dabei gefühlt hat.

Beispiel: Teilnehmer 1 zeigt die Karte „Ausgedehntes Frühstück mit meinem Partner". Er lächelt und zeigt ein wenig Verlegenheit. Teilnehmer 2 spekuliert: „Hast du mit deinem Partner ausführlich gefrühstückt und dich dabei pudelwohl und geborgen gefühlt?"

Teilnehmer 1 beantwortet, ob die Vermutung zutrifft. Gegebenenfalls korrigiert er die Aussage (ebenfalls in nur einem Satz). Dann fährt er mit den anderen drei Karten fort.

Wenn Teilnehmer 1 die vier Ereignisse seines Morgens vorgestellt hat, übernimmt Teilnehmer 2 die Rolle des Pantomimen und spielt seinem nächsten Nachbarn (Teilnehmer 3) seine Karten vor. Wenn alle Teilnehmer im Kreis ihre Karten gezeigt haben, ist die Runde beendet.

Dieses (sehr beliebte) Spiel verfolgt drei Ziele: Erstens üben die Teilnehmer, Emotionen zu erkennen. Zweitens trainieren sie das einfühlsame Ansprechen von möglichen Zusammenhängen. Drittens erfahren die Teilnehmer etwas über den Alltag und die Stimmung ihrer Kollegen. Für Gesprächsstoff in der nächsten Pause ist gesorgt …

Anmerkung

Bei dieser Übung wird häufig kritisch hinterfragt, ob man wirklich über die Ursachen der Gefühle anderer Menschen spekulieren soll. Es wird eingewendet, dass die Wahrnehmung von Gefühlen noch nichts über deren Ursache verrät (jemand, der grinst, kann das eben Gesagte lächerlich finden, an einen passenden Witz denken oder über eine Migräne-Attacke hinwegtäuschen).

Unsere Antwort lautet: In der Realität kommen wir durch empathische Spekulation rasch in einen guten Kontakt. Solange wir unsere Hypothesen im Frageton äußern und eventuelle Korrekturen respektvoll zur Kenntnis nehmen, unterstützt die empathische Spekulation den Gesprächsprozess auf sehr wirkungsvolle Art und Weise.

Einzelarbeit zu meinen Gefühlen

Kap. 20

In der Übung „Szenen aus dem Alltag“ haben Sie sich eine Gesprächssituation oder ein Erlebnis ausgewählt, das Sie sich im weiteren Verlauf des Seminars mithilfe der vier Schritte der Gewaltfreien Kommunikation näher ansehen wollen. Bei Schritt 1 „Beobachtung“ haben Sie bereits damit begonnen, das Arbeitsblatt „Fallarbeit mit den vier Schritten der Gewaltfreien Kommunikation“ auszufüllen. Nehmen Sie sich dieses Arbeitsblatt nun wieder zur Hand und füllen Sie es für Schritt 2 „Gefühle“ aus.

Wie haben Sie sich in der Gesprächssituation gefühlt? Was hat dieses Erlebnis bei Ihnen emotional ausgelöst? Wie ging es Ihnen in dem Moment?

Versetzen Sie sich in die damalige Situation und spüren Sie in sich hinein. Möglicherweise fallen Ihnen mehrere Gefühle auf, die Sie auch körperlich wahrnehmen. Nutzen Sie darüber hinaus die Listen mit angenehmen und unangenehmen Gefühlen für Ihre Notizen. Vielleicht werden Ihnen dabei Gefühle deutlich, die Sie bisher gar nicht bewusst wahrgenommen haben.

Streichen Sie alle Gefühlswörter, die den Konflikt eskalieren lassen. Suchen Sie nach den echten Gefühlen hinter Pseudogefühlen. Anstatt „Ich fühle mich verarscht“ heißt es dann zum Beispiel: „Ich bin enttäuscht und unzufrieden“. Der Satz „Ich fühle mich allein gelassen“ lautet als Ich-Botschaft: „Ich fühle mich allein.“

Bedürfnisse (Einführung)

Kap. 21

Hinter jeder menschlichen Handlung steht ein Bedürfnis. Wir essen, um uns zu nähren. Wir leben in Gemeinschaften, weil wir uns Nähe und Kontakt wünschen. Wir forschen, weil wir nach Entwicklung streben. Jedes Bedürfnis dient dem Leben. Falsche oder negative Bedürfnisse gibt es nicht.

Dennoch führen manche Handlungen zu Konflikten. Der Grund dafür ist: Bedürfnisse lassen sich auf unterschiedliche Art und Weise erfüllen. Sein Abendbrot kann man sich durch ehrliche Arbeit oder durch einen bewaffneten Raubüberfall beschaffen. Manche Wege der Bedürfniserfüllung führen in den Konflikt, weil sie sich nicht mit den Bedürfnissen anderer Menschen vertragen.

Um einen Konflikt zu klären, muss man deshalb von den konkreten Handlungen auf die damit verknüpften erfüllten und unerfüllten Bedürfnisse schauen. Bekannt ist die Geschichte von den zwei Kindern, die um eine Apfelsine streiten. Die Eltern teilen die Apfelsine in zwei gleich große Stücke. Zur Überraschung der Eltern reagieren die Kinder mit Wut und Enttäuschung. Das eine Kind hat es auf ein Glas Saft abgesehen, das andere braucht die gesamte Schale der Orange für ein Kuchenrezept. Mit dem Blick auf die Bedürfnisse fällt den Eltern eine viel bessere Handlungsstrategie als Lösung ein (das eine Kind bekommt die Schale, das andere das Fruchtfleisch).

Bedürfnisse, Bedürfniserfüller und Strategien zur Erfüllung von Bedürfnissen

Die Gewaltfreie Kommunikation unterscheidet zwischen Bedürfnissen (z. B. Lebenserhaltung), Bedürfniserfüllern (z. B. Nahrung, ein Dach über dem Kopf) und Strategien zu Erfüllung von Bedürfnissen (z. B. Pizza bestellen, eine Wohnung mieten). Bedürfnisse sind universell. Der Stellenwert einzelner Bedürfniserfüller unterscheidet sich von Kultur zu Kultur. Bedürfnisbefriedigungsstrategien variieren sogar von Individuum zu Individuum.

> **Beispiel 1:** Jeder Mensch muss sich gelegentlich erholen. Viele Menschen nutzen einen Spaziergang, um Ruhe zu finden. Ruhe ist ein Bedürfniserfüller für Erholung. Ein Spaziergang ist eine Strategie, um Ruhe zu finden, und dient damit letztlich der Erholung.
>
> **Varianten:** Der Erholung dienen auch die Bedürfniserfüller „Spielen", „Feiern" und „Reisen". Jeder dieser Bedürfniserfüller lässt sich durch unterschiedliche Strategien befriedigen. „Spie-

len" kann man zum Beispiel bei einem Besuch im Schachclub oder bei einem Konzentrationsspiel auf dem Handy. „Feiern" kann man mit dem Partner bei Kerzenschein und mit Freunden in der Großraumdiskothek. Bei so vielen Erholungsvarianten wird deutlich, wie groß der Raum der Alternativmöglichkeiten ist, wenn sich eine bestimmte Strategie nicht verwirklichen lässt.

Beispiel 2: Jeder Mensch sehnt sich nach Sicherheit. Manch einer minimiert sein finanzielles Verlustrisiko, indem er sein Vermögen auf Immobilien, Fonds und Aktien verteilt. Risikominimierung ist in diesem Fall ein Bedürfniserfüller für Sicherheit. Das breite Vermögensportfolio gibt dem Bedürfniserfüller Risikominimierung eine konkrete Form.

Variante: Auch der Kauf neuer Schränke kann eine Strategie sein, um durch mehr Ordnung das persönliche Sicherheitsgefühl zu erhöhen. Ordnung ist in diesem Fall der Bedürfniserfüller für Sicherheit, neue Schränke sind die Strategie für Ordnung. Bei dieser Variante wird deutlich, dass Bedürfnisse zwar universell sind, aber sehr unterschiedlich befriedigt werden.

Für GFK-Einsteiger ist die Unterscheidung zwischen (1) Bedürfnissen und (2) Strategien ausreichend. Im nachfolgenden Beispiel zeigen wir jedoch, wie ein Bewusstsein für die Unterscheidung zwischen Bedürfnissen und Bedürfniserfüllern Fortgeschrittenen neue Möglichkeiten im Verständigungsprozess eröffnet.

Beispiel: In unserem Video „GFK-Tanzparkett-Demonstration" fragt der Trainer die Falleinbringerin, ob es ihr bei den Gesprächen über den Umzug der Mutter um die Bedürfnisse „Klarheit" und „Struktur" geht. Die Falleinbringerin bestätigt diese Bedürfnisse, ergänzt jedoch stirnrunzelnd, dass da noch etwas anderes ist, was sie bisher nicht zu greifen bekommt. Der Trainer stellt die Frage: „Welche Bedeutung haben für dich Struktur und Klarheit?" Jetzt kommt die Falleinbringerin zu der Erkenntnis, dass sie sich nur dann kreativ einbringen kann, wenn für sie ein bestimmtes Maß an Klarheit besteht.

Die Bedürfnisse Struktur und Klarheit sind also Bedürfniserfüller für das tiefer liegende Bedürfnis Kreativität. Als die Falleinbringerin ihr eigentliches Bedürfnis erkennt, ist sie zunächst überrascht. Dann stellt sich Freude ein und der Stress fällt sichtbar von ihr ab.

Die Vielfalt der Bedürfnisse

Es gibt verschiedene Ansichten darüber, wie viele unterschiedliche Bedürfnisse es gibt. Marshall B. Rosenberg orientiert sich an der Matrix des chilenischen Wirtschaftswissenschaftlers Manfred Max-Neef, der zufolge es neun zentrale menschliche Bedürfnisse gibt: Lebenserhaltung, Sicherheit, Liebe, Empathie, Verbindung, Erholung, Kreativität, Sinn, Selbstbestimmung. In seinen Büchern verzichtet Rosenberg auf die Unterscheidung zwischen Bedürfnissen und Bedürfniserfüllern. Er nutzt die Vorschläge von Max-Neef als Überschriften und listet darunter knapp fünfzig weitere Bedürfnisbegriffe auf, die bei Max-Neef als Bedürfniserfüller auftauchen. In seinen Vorträgen verwendete er weitere und teilweise abweichende Begriffe, was gelegentlich zur Verwirrung unter den Zuhörern führte.

Alle Bedürfnisse sind gleichwertig

Max-Neef stellt fest, dass alle Bedürfnisse – mit Ausnahme der Lebenserhaltung – gleichwertig sind. Andere Forscher wie der Psychologe Clayton Alderfer oder der Gehirnforscher Gerald Hüther heben die drei Bedürfnisse Existenz, Verbindung und Entwicklung hervor. In dem Film *Cast Away – Verschollen* unterhält sich ein Schiffsbrüchiger mit einem angeschwemmten Volleyball über seine Versuche, Feuer zu machen. Übertragen heißt das: Bei dem Versuch der Existenzsicherung versucht er neue Fähigkeiten zu entfalten. Sogar das Gespräch mit einer Puppe spendet ihm dabei Trost.

Die Universalität und Gleichwertigkeit der Bedürfnisse ermöglichen nicht nur eine Sprache zur Klärung von Konflikten, sondern auch ein neues Verständnis für deren Ursachen. Genau wie materielle Güter sind auch die Möglichkeiten zur Erfüllung von Bedürfnissen wie Freiheit, Sinn (zum Beispiel in der Arbeitswelt) oder der Zugang zur Macht (gehört werden, Mitbestimmung) ungleich erfüllt. Fehlende Identität, spirituelle Armut oder ein chronischer Mangel an Muße können Ausgangspunkt schwerer gesellschaftlicher Krisen sein. Und nicht nur Menschen haben Bedürfnisse. Unser ganzer Planet schreit inzwischen nach Zuwendung und Liebe.

Von der Emotion zum Bedürfnis

Emotionen signalisieren uns, ob Bedürfnisse erfüllt oder unerfüllt sind. Erfüllte Bedürfnisse führen zu angenehmen Emotionen (Freude). Unerfüllte Bedürfnisse lösen unangenehme Emotionen aus (Ärger, Trauer etc.). Gefühle beschäftigen uns wie das Leuchten einer Warmlampe im Auto. Sie weisen auf gefüllte oder leergelaufene Bedürfnistanks hin. Gefühle und Bedürfnisse bilden den Kompass, der uns bei jedem Wetter und auf jedem Geläuf sicher durch den Wirrwarr der Ereignisse führt. Der Blick auf die Kompassnadel verrät uns: Was brauche ich? Was brauchst du? Was brauchen wir, damit sich unsere Bedürfnisse angemessen erfüllen können?

Befreiung von der emotionalen Sklaverei

Die Wahrnehmung von Emotionen und Bedürfnissen ist ein zweischneidiges Schwert. Wir erfahren dabei Wesentliches über die Wirklichkeit unseres Gegenübers. Mit zunehmendem Verständnis laufen wir jedoch Gefahr, uns für das Befinden unseres Gegenübers verantwortlich zu fühlen. Diesen Reflex bezeichnet Marshall B. Rosenberg als „emotionale Sklaverei". Dazu muss unser Gegenüber nicht einmal einen aktiven Beitrag leisten. Wenn wir uns schuldig fühlen, weil wir nicht ausreichend zum Glück anderer beitragen, funktioniert das meistens als Akt der Selbstversklavung.

Die Beschäftigung mit der Gewaltfreien Kommunikation und dem Wesen der Bedürfnisse lehrt uns, dass sich jedes Bedürfnis auf vielfältige Art und Weise befriedigen lässt. Niemand ist von einer einzigen Person oder einer einzigen Strategie abhängig, um glücklich zu werden. Diese Erkenntnis befreit uns von dem Druck, anderen helfen zu müssen. Sie verleitet allerdings zu einer anderen Extremposition: der Rebellion. Plötzlich wollen wir uns nicht mehr gegenseitig unterstützen, weil wir jedes Mal fürchten, in Abhängigkeit zu geraten.

In der Phase der emotionalen Befreiung lernen wir schließlich, wie man sich verantwortungsvoll verhalten kann, ohne sich für die Gefühle anderer verantwortlich zu fühlen. Wir reagieren mit Mitgefühl, halten uns dabei aber unsere eigenen Bedürfnisse präsent und äußern diese mit klaren Worten. Wir suchen nach Lösungen, die die Bedürfnisse aller im Blick haben.

Selbstverantwortung in der Alltagssprache

Für mehr Selbstverantwortung in der Alltagssprache empfehlen wir das Vermeiden von Formulierungen, die auf direktem Weg in die emotionale Sklaverei führen. Die Verknüpfung „Ich bin sauer, weil du …" macht andere für unsere Gefühle verantwortlich. Auch unpersönliche Pronomen wie in dem Satz „Man sieht doch, dass …" verschleiern die eigene Verantwortung, die in diesem Fall auf eine undefinierte Allgemeinheit abgewälzt wird.

Bei schwierigen Themen und Konflikten raten wir dazu, dem Gesprächspartner von den Bedürfnissen zu erzählen, um die es gerade geht. Im Unterschied zu Strategien sind Bedürfnisse universell verständlich. Wenn sich ein Kind ein Hausschwein wünscht, rollen sich den Eltern vielleicht die Zehennägel hoch. Aber der Wunsch nach Nähe und Spiel ist ihnen gut vertraut. Die Chance auf ein konstruktives Gespräch erhöht sich also mit dem Wissen um die Hintergründe.

Das Aussprechen eigener Bedürfnisse schafft darüber hinaus Klarheit bezüglich der Art von Lösungsmöglichkeiten. Wenn Lieschen Müller sich weigert, zum Zahnarzt Meier zu gehen, liegt es vielleicht daran, dass sie nicht selbst die Wahl des Behandlers entscheiden durfte. Um einen Konflikt zu vermeiden, könnte sie folgendes Bedürfnis aussprechen: „Ich möchte selbst entscheiden dürfen, zu welchem Zahnarzt ich gehe. Das Auftreten von Herrn Meier macht mir Angst. Hilfst du mir, nach Zahnärzten zu suchen, die von ihren Patienten mit der Note ‚gut' bewertet wurden?"

Formulierungshilfen für das Ansprechen von Bedürfnissen

Bei den Bedürfnissen anderer:

- Ihnen ist wichtig ...
- Ihr Anliegen ist ...
- Sie möchten sichergehen, dass ...
- Ihnen erscheint es wesentlich ...
- Sie hoffen auf ...
- Ihnen geht es um ...

Bei eigenen Bedürfnissen:

- Ich brauche ...
- Mir fehlt noch ...
- Ich hätte gerne ...
- Mir geht es um ...

Die Liste universeller Bedürfnisse

Unsere Liste mit universellen Bedürfnissen orientiert sich – ähnlich wie die von Rosenberg – an den Forschungsergebnissen von Max-Neef. Sie umfasst ca. 90 Bedürfnisbegriffe, die in neun Kategorien (durch Fettdruck markiert) eingeteilt wurden.

Einige der Bedürfnisbegriffe sind bei genauerer Betrachtung Bedürfniserfüller. Für uns ist das kein Widerspruch, denn eine Sprache, die sich auf neun Bedürfnisse beschränkt, klingt statisch und abstrakt. Sie ist nicht griffig genug und hilft deshalb nicht weiter. Eine Vielfalt von Begriffen schafft zusätzliche Klarheit im Ausdruck. Sie können der Liste auch eigene Bedürfnis-Formulierungen hinzufügen, die in ihrem jeweiligen Kontext sinnvoll sind.

Diese nachfolgende Liste wird von uns für die Übungen in diesem Buch verwendet. Wir geben sie jedem Seminarteilnehmer in verkleinerter Form in die Hand, um damit zu arbeiten. Auf der Seite ↗ http://www.empathie.com können Sie die Liste als Handout für den Privatgebrauch kostenlos downloaden.

Freiheit: Autonomie, Selbstbestimmung

Lebenserhaltung: Luft, Wasser, Bewegung, Nahrung, Schlaf, Unterkunft, Wärme, Gesundheit, Heilung, Kraft

Identität: Übereinstimmung mit eigenen Werten, Integrität/Stimmigkeit mit sich selbst, Individualität, Authentizität, Spiritualität, (innerer) Friede, Ästhetik, Bedeutung, Selbstverwirklichung, Sinn

Sicherheit: Schutz, Übersicht, Klarheit, Eindeutigkeit (Kongruenz), Abgrenzung, Distanz, Privatsphäre, Struktur, Ordnung

Empathie: Einfühlung, Verständnis (verstanden werden), Gleichbehandlung, Gerechtigkeit, Mitgefühl

Verbindung: Wertschätzung, Unterstützung, Ehrlichkeit, Gemeinschaft, Anerkennung, Respekt, Kontakt, Akzeptanz, Austausch, Offenheit, Vertrauen, Freundschaft, Achtsamkeit, Einklang, Toleranz, Zusammenarbeit, Aufmerksamkeit, Zugehörigkeit

Liebe: Nähe, Intimität/Sexualität, Körperkontakt, Geborgenheit

Erholung: Muße, Entspannung, Ausruhen, Spiel, Leichtigkeit, Freude, Humor, Ruhe, Entlastung, Glück, Ausgewogenheit, Harmonie, Vergnügen

Entwicklung: Inspiration, Beitrag, Engagement, Träumen, Wachstum, Kreativität, Erfolg im Sinne von Gelingen, Feedback geben, Rückmeldung erhalten, Abwechslungsreichtum, Effektivität, Kompetenz, Lernen, Feiern, Trauern, Bildung, Verantwortung

Bedürfnis-Memory

Kap. 22

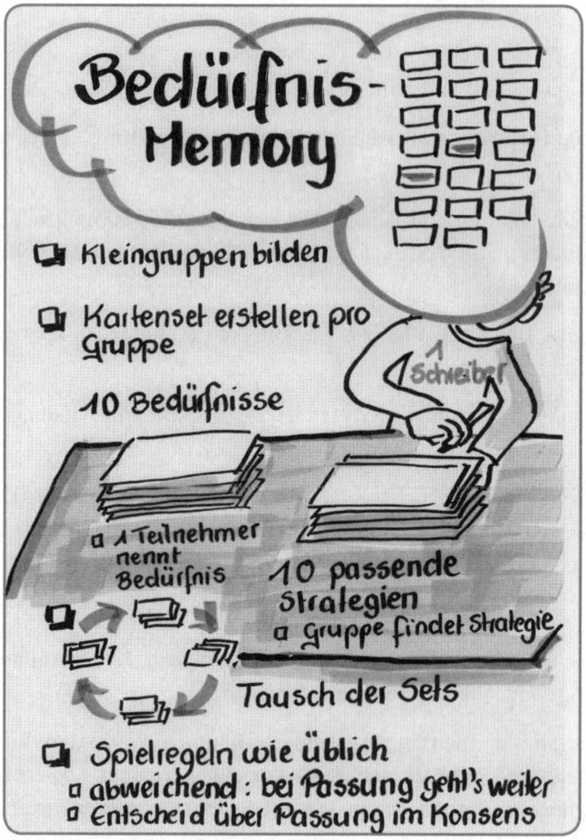

Das Bedürfnis-Memory spielen unsere Teilnehmer mit großer Begeisterung. Es dient dem besseren Verständnis für die Unterscheidung von Bedürfnissen und Strategien zur Erfüllung von Bedürfnissen. Es bewährt sich nicht nur als Lernspiel, sondern auch als Stimmungsaufheller, wenn die Teilnehmer etwas ermüdet oder vom Tiefgang des Seminars mental stark beansprucht sind. Bei diesem Spiel darf gealbert und gelacht werden.

Die Teilnehmer erzeugen unter Anleitung des Trainerteams Kartensätze für Bedürfnis-Memorys. Dafür wird die Gesamtgruppe per Los in Zweiergruppen aufgeteilt. Jede Gruppe erarbeitet einen vollständigen Kartensatz. Anschließend tauschen die Gruppen ihre Kartensätze untereinander, damit jede Gruppe mit Karten spielen kann, deren Inhalte sie nicht kennt.

Vorbereitung des Bedürfnis-Memory

Jede Gruppe bekommt 20 gleichfarbige Moderationskarten und einen Moderationsmarker ausgehändigt. Die Gruppen teilen ihre Karten in zwei Stapel mit zehn Karten für Bedürfnisse und zehn Karten für Strategien auf. Eine Person übernimmt das Schreiben, damit alle Karten die gleiche Handschrift tragen.

Ein Teilnehmer nennt ein Bedürfnis, das in gut lesbaren Buchstaben mit dem Moderationsmarker auf eine Moderationskarte geschrieben wird. Dann lässt sich die Gruppe eine Strategie einfallen, mithilfe derer das Bedürfnis erfüllt werden kann. Diese Strategie wird auf eine zweite Karte notiert.

Beispiele: Zu dem Bedürfnis „Sicherheit" passt die Strategie „Sparkonto". Zu dem Bedürfnis „Autonomie" passt die Strategie „berufliche Selbstständigkeit". Zu dem Bedürfnis „Kontakt" passt die Strategie „GFK-Übungsgruppe".

Nacheinander werden zu zehn Bedürfniskarten die passenden Strategien gesucht. Wenn alle 20 Karten des Memory-Sets beschriftet sind, kehrt die Kleingruppe ins Plenum zurück.

Variationsmöglichkeiten: Sie können das Spiel verkürzen oder verlängern, indem Sie die Anzahl der Memory-Karten auf 16 oder 32 Memory-Karten senken oder erhöhen. Außerdem wird das Spiel lustiger und anspruchsvoller, wenn die Strategievorschläge sehr persönlich ausfallen und die Spieler erst länger darüber nachdenken müssen.

Beispiel: In unserem Film erfüllt sich Andrea ihr Bedürfnis nach „Bewegung" durch „Fenster putzen". Hätten Sie den Zusammenhang gleich erkannt?

Ablauf des Spiels

Vor Spielbeginn tauschen die Kleingruppen die Kartensets untereinander. Jede Kleingruppe breitet ihre neuen Karten verdeckt vor sich aus. Dann beginnt der erste Spieler mit dem Aufdecken einer Karte. Bei dieser Karte handelt es sich entweder um eine Bedürfniskarte oder eine Strategiekarte. Sobald er seine zweite Karte aufdeckt, prüft er, ob diese zur ersten Karte passt. Wenn die Karten zueinander passen (eine Bedürfniskarte und eine passende Strategie), darf der Spieler das Pärchen einstecken. Abweichend vom normalen Memory-Betrieb darf er allerdings nicht gleich weiterspielen, sondern die Spieler wechseln sich ständig ab.

Weder zwei Bedürfnisse noch zwei Strategien können ein gültiges Pärchen bilden (ein wichtiger Erkenntnis- und Lerneffekt des Spiels). Ob eine aufgedeckte Strategiekarte zu einer aufgedeckten Bedürfniskarte passt, entscheiden die Spieler im Konsensverfahren. Derjenige Spieler, der die Karten aufgedeckt hat, darf begründen, wo er zwischen den Begriffen den Zusammenhang sieht. Ehrgeizige Spieler liefern manchmal die aberwitzigsten Begründungen. Das ist durchaus im Sinne des Erfinders, solange ein Veto des Spielpartners sportlich akzeptiert wird.

Nähert sich das Spiel seinem Ende, bleibt häufig ein „harter Seifenkern“ mit Karten übrig, die scheinbar nicht zueinander passen. Hier ist Fantasie gefragt und oft kommt es dabei zu lautstarken Heiterkeitsausbrüchen.

Wolfsgeheul und Giraffensprache

Kap. 23

Marshall B. Rosenberg setzte in seinen deutschsprachigen Seminaren zwei Stoffpuppen ein: Wolf und Giraffe. Die Puppen stehen für zwei unterschiedliche Arten zu sprechen und zuzuhören. Der Wolf reißt das Maul auf, zeigt Zähne, analysiert und sucht nach Schuldigen. Die Giraffe übt sich in einer einfühlsamen Grundhaltung, übersetzt Schuldzuweisungen in dahinter liegende Bedürfnisse, bemüht sich um gegenseitiges Verständnis und drückt sich (wenn immer es möglich ist) präzise und achtsam aus.

Das Symbol der Giraffe

Die Giraffe besitzt das größte Herz aller Landlebewesen. Es wiegt bis zu 12 kg und sorgt mithilfe eines ausgeklügelten arteriellen Systems (das bis heute nicht vollständig erforscht ist) für einen ausreichend stabilen Blutdruck im Kopf des Tieres. Weil Mitgefühl in unserer Gesellschaft durch das Bild des Herzens verkörpert wird, ist die Giraffe das Symboltier der Gewaltfreien Kommunikation.

Aber auch andere Vorzüge empfehlen die Giraffe als Konfliktklärungsexpertin. Sie hat einen guten Überblick (für wertfreie Beobachtung) und wenige natürliche Feinde (wie die meisten besonders empathischen Zeitgenossen). Wenn sie sich aber doch einmal verteidigen muss, keilt sie nach hinten aus, bis der Feind von ihr ablässt. Auf diese Weise vermeidet sie frontale Kampfhandlungen und die damit verknüpfte Provokation neuer Gewalt.

Der tollste Spezialtrick der Giraffe ist jedoch ihr Speichel. Mit ihm vermag sie die stachligen Äste der Akazie verletzungsfrei abzuweiden und die herben Gerbstoffe, die Akazien aussondern, wenn sie bereits von einem anderen Tier angefressen wurden, zu verdauen. Im übertragenen Sinne ist sie also immun gegenüber den Spitzen in feindseligen Botschaften und der Aggression von verletzten Gesprächspartnern.

Das Symbol des Wolfs

Der Wolf meldet sich kraftvoll zu Wort, wenn ihm das Leben Unbehagen beschert. Mit lautem Geheule markiert er sein Revier. Zeigt er seine scharfen Zähne, verfehlt das selten seine Wirkung.

Als sich der europäische Wolf nach dem 30-jährigen Krieg explosiv vermehrte und in den Lebensraum der Menschen eindrang, weil seine Rückzugsgebiete abgeholzt waren und seine Jäger auf dem Friedhof lagen, verschaffte er sich durch Anwendung nackter Gewalt die nötige Nahrung. Die Märchen der Gebrüder Grimm erzählen von der bleibenden Angst, die er unter den Menschen auslöste.

Auch heute kostet dominantes gesellschaftliches Auftreten einen hohen Preis in Form belasteter Beziehungen. Wer sein eigenes Anliegen auf Kosten der Bedürfnisse anderer durchsetzt, zerstört bestehendes Vertrauen und schürt Feindseligkeit in den Herzen. Das Anliegen mag berechtigt sein (die Wölfe haben ihren Wald ja nicht selbst abgeholzt), aber die Handlungen erreichen das Gegenteil des Gewollten und verhindern eine Verständigung und darauf aufbauende gegenseitige Unterstützung.

Wolf und Giraffe sind weder gut noch böse

Es liegt nahe, den Symbolfiguren Wolf und Giraffe die Etiketten „gut" und „böse" anzuhängen. Tatsächlich repräsentieren Wolf und Giraffe jedoch weder das eine noch das andere. Sie vertreten zwei unterschiedliche Wege, um mit eigenen Bedürfnissen umzugehen.

Der innere Wolf ist ein wichtiger Teil unserer Persönlichkeit. Heult er auf, so spüren wir, dass mindestens ein wichtiges Bedürfnis unbefriedigt ist. Er kennt unsere tiefsten Sehnsüchte, unsere Interessen und Wünsche. Er versorgt uns mit der Kraft, die wir für Veränderungsschritte brauchen. Wenn er jedoch zu Strategien greift, die Unheil anrichten, kommt die Giraffe als Übersetzer ins Spiel.

> Wer den inneren Wolf mundtot macht, verbannt oder ausschaltet, verliert einen wichtigen Partner. Wer hingegen die Wolfssprache (Schuldzuweisungen, Abwertungen, Schmeicheleien ...) in die dahinter verborgenen Anliegen übersetzt, der erhält tiefen Zugang zu sich selbst und ihm gelingt in der Folge die Verbindung mit anderen.

Wie Marshall Rosenberg zu seinen Handpuppen kam

Eines Tages fragte Marshall B. Rosenberg eine Workshop-Teilnehmerin während eines Rollenspiels, ob das Verhalten ihres Mannes sie an einen Schakal erinnere. Das Bild löste bei der Frau eine starke Resonanz aus. Die Seminargruppe übernahm die Idee und übte den ganzen Tag „Schakale zähmen". Später erhielt Rosenberg von den Anwesenden zum Dank eine Schakal-Marionette geschenkt.

Sein nächstes Seminar eröffnete Rosenberg mit der Frage: „Kennen Sie jemand, dessen Benehmen einem Schakal gleicht?" Daraufhin zog er seine neue Puppe aus dem Koffer. Mithilfe der Puppe konnte er den Prozess der Gewaltfreien Kommunikation auf vergnüglichere Art vermitteln als bisher.

Möglichkeiten und Gefahren der Symbolik

In einem Interview mit Guy Spiro gesteht Marshall Rosenberg ein, dass seine Puppen auch als Einladung für die „Etikettierung von menschlichem Verhalten" missverstanden werden können. Wenn eine Gruppe jedoch spielbereit sei, würden die Puppen den Zugang zu bedrückenden Themen erleichtern. Statt umständliche Formulierungen für den Prozess der Gewaltfreien Kommunikation zu gebrauchen, sagte Rosenberg dann: „Giraffe wird verlangt."

Hinweis für „GFK-Historiker"

In anderen Ländern verwendete Marshall Rosenberg teilweise andere Tiere als in Deutschland. In den USA ersetzt der Schakal den Wolf. In einem schwedischen Dokumentarfilm benutzte er eine Ente statt der Giraffe, womit er sich Empörung einhandelte. Die vom Schakal bedrohte Ente wirkte irgendwie zu niedlich und wehrlos. Ganz ähnlich gilt in Russland die Giraffe als dummes Tier, weshalb sie von der Schlange ersetzt wurde.

Legendär ist ein Video-Mitschnitt, in dem Rosenberg zur Überraschung seiner Übersetzerin von einem „Girkal" spricht. Gemeint war eine Mischung aus Giraffe und Schakal. Rosenberg bezeichnete Wölfe hin und wieder als „ungebildete Giraffen".

Kap. 24

Wolfsohren und Giraffenohren

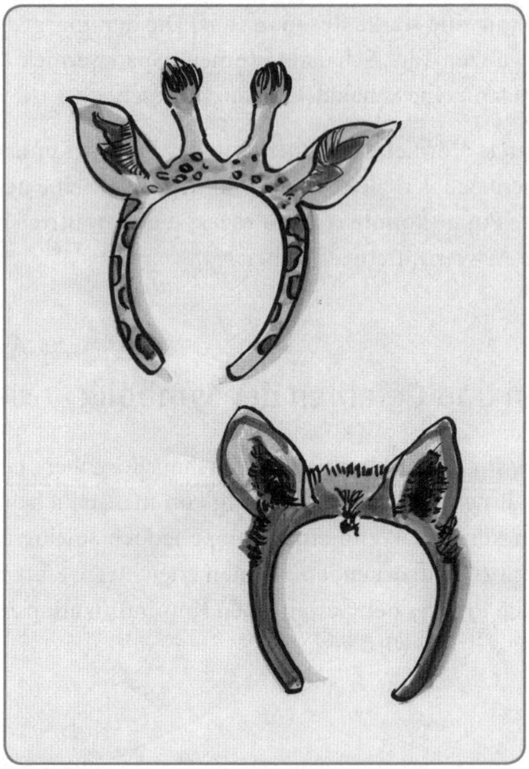

Die Vier-Ohren-Übung von Marshall Rosenberg ist eine der ältesten und bekanntesten GFK-Übungen. Mit ihrer Hilfe lässt sich verstehen, auf welche Arten wir die Aussagen anderer Menschen hören können. Die Gewaltfreie Kommunikation unterscheidet zwischen zwei Wahlmöglichkeiten für das Zuhören: einer urteilenden und einer empathischen Reaktion. Jeden dieser beiden Wege können wir im Umgang mit uns selbst oder gegenüber anderen eingeschlagen. Daraus ergeben sich insgesamt vier Reaktionsmöglichkeiten beim Hören einer Botschaft:

- Wir können andere verurteilen.
- Wir können uns selbst verurteilen.
- Wir können uns in uns selbst einfühlen.
- Wir können uns in unseren Gesprächspartner einfühlen.

Wenn zum Beispiel jemand zu uns sagt: „Wo sind denn wieder die Stifte hingekommen?", werden möglicherweise eine oder mehrere der nachfolgenden inneren Stimmen aktiv:

- Urteil über andere: „Die soll sich doch selbst mal anständige Stifte leisten."
- Selbstverurteilung: „Wenn ich so ein Chaot bin, will niemand mit mir arbeiten."
- Selbstempathie: „Ich bin irritiert, dass ich angesprochen werde. Ich habe mit den Stiften nichts zu tun und wünsche mir Ruhe für meine eigene Arbeit."
- Empathie für andere: „Sie scheint verzweifelt zu sein. Vielleicht wünscht sie sich Unterstützung bei der Suche oder einen anderen Umgang mit unseren Ressourcen, der sie von der Suche entlastet."

In Anlehnung an das Bild der Wolfs- und Giraffensprache setzen wir beim urteilenden Zuhören „Wolfsohren" und beim einfühlsamen Zuhören „Giraffenohren" auf.

Vorbereitung der Vier-Ohren-Übung

Stellen Sie vier laminierte Karten mit unterschiedlichen Aufschriften her:

- Karte 1: „Als Reaktion auf eine Aussage bewerte oder verurteile ich mein Gegenüber." (kurz: „Wolfsohren nach außen")
- Karte 2: „Als Reaktion auf eine Aussage bewerte oder verurteile ich mich selbst." (kurz: „Wolfsohren nach innen")
- Karte 3: „Als Reaktion auf eine Aussage fühle ich mich in mich selbst ein." (kurz: „Giraffenohren nach innen")
- Karte 4: „Als Reaktion auf eine Aussage fühle ich mich in meinen Gesprächspartner ein." (kurz: „Giraffenohren nach außen")

Anleitung der Vier-Ohren-Übung

Bilden Sie Fünfergruppen unter den Teilnehmern. Legen Sie die vier Karten nebeneinander auf dem Fußboden aus. Hinter eine jede Karte stellt sich jeweils ein Teilnehmer der Fünfergruppe. Der verbleibende Teilnehmer (hier als Teilnehmer 1 bezeichnet) stellt sich vor Karte 1 und spricht in neutralem Tonfall einen Beispielsatz aus.

Beispielsätze für die Vier-Ohren-Übung

- Bei Ihnen stapeln sich die Akten ja inzwischen.
- Zu deinen Wochenendplänen hätte ich einige Anmerkungen.
- Von Ihrem Kommentar im Meeting war ich sehr überrascht.
- Du willst also wirklich nicht zu der Feier meiner Eltern mitkommen?
- Ich glaube, wir sollten die Budgetierung unseres Festes noch einmal überdenken.
- Sie sehen irgendwie krank aus.
- Was ist das denn für eine Musik?
- Für wann planen Sie eigentlich Ihren Ruhestand?
- Wenn jeder nur an sich denkt, wird das nie was mit uns.
- Wir brauchen noch jemanden, der den Feiertagsdienst übernimmt.

Die übrigen Teilnehmer, zwei bis fünf, reagieren nun gemäß der Anweisung auf ihrer Karte auf die Aussage von Teilnehmer 1. Teilnehmer 2 verurteilt Teilnehmer 1 für dessen Aussage, Teilnehmer 3 kritisiert sich selbst infolge des Gehörten, Teilnehmer 4 fragt sich, was die Aussage mit ihm macht, Teilnehmer 5 fühlt sich in Teilnehmer 1 ein. Anschließend rotieren die Teilnehmer, sodass Teilnehmer 1 nun hinter der ersten Karte steht und Teilnehmer 5 den neuen Beispielsatz ausspricht.

Tricks und Tipps

Gewohnheitsgemäß fallen den Teilnehmern die Wolfsohren leicht und die Giraffenohren schwer. Gesellschaftlich wird urteilendes Denken stärker gefördert als einfühlsames Miteinander. Ermuntern Sie die Teilnehmer, auf den Karten mit den Giraffenohren bewusst Gefühle und Bedürfnisse anzusprechen. Dazu müssen die Teilnehmer häufig erst einmal innehalten und genau hinspüren.

Sprechen Sie die Beispielsätze in einem neutralen Tonfall aus, damit noch deutlicher wird, dass unsere Reaktionsweise stark von unseren Vorannahmen und unserer Haltung abhängt. Man kann in jede Aussage etwas hineininterpretieren. Genauso kann man aber auch zunächst einmal die Motive hinter einer Handlung erforschen.

Betrachten Sie die Reaktionsweisen der Teilnehmer hinter den Karten als „lautes Denken". Reaktionen dieser Art laufen ständig (und häufig unkontrolliert) in uns ab. Glücklicherweise sprechen wir nicht alles, was wir denken, auch aus. Die Übung sensibilisiert uns dafür, wölfische Reaktionen früher zu bemerken und gegebenenfalls zu übersetzen.

Die Teilnehmer können sich eigene neue Sätze einfallen lassen. Je nach Kontext (Familie, Abteilung, Verein, Branche …) lösen die Sätze dadurch noch mehr echte Emotionen aus. Je stärker wir getroffen sind, desto deutlicher zeigt die Übung, wie wichtig es ist, nicht automatisiert zu reagieren.

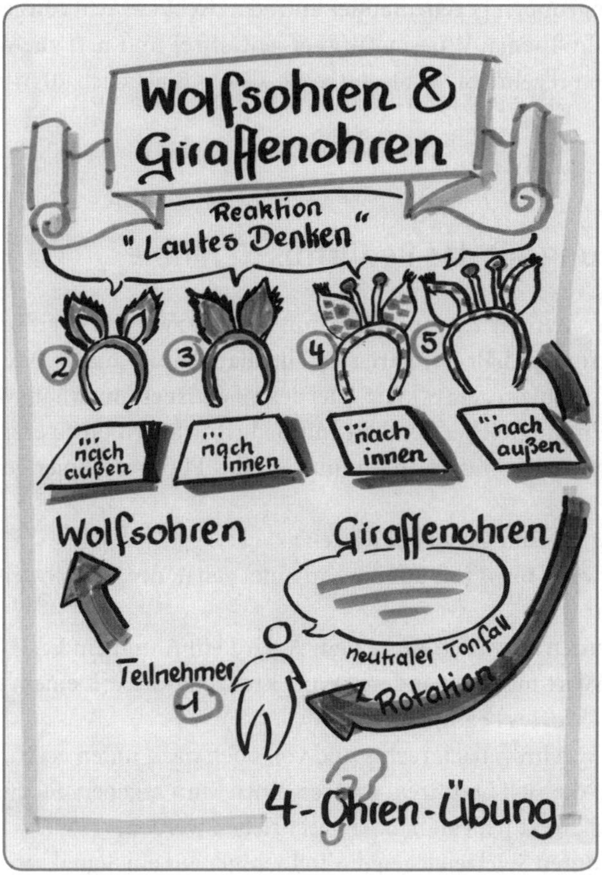

Bedürfnis-Scrabble

Kap. 25

Das Bedürfnis-Scrabble ist eines unserer Lieblingsspiele zum schnellen Erlernen der Bedürfnisbegriffe. Es funktioniert mit jeder Gruppe ab zwölf Jahren. Weil bei diesem Spiel Kleingruppen gegeneinander antreten, weckt es den Ehrgeiz der Teilnehmer (so viel zum Thema: Wir sind immer gewaltfrei und nett zueinander …). Die Spielleiter ernten regelmäßig Proteste, wenn sie das Spiel nach 20 Minuten beenden wollen.

Spielanleitung für das Bedürfnis-Scrabble

Die Teilnehmer werden Kleingruppen mit jeweils zwei bis drei Teilnehmern zugelost. Jede Gruppe erhält ein kariertes Flipchart-Papier und Moderationsmarker. Dann werden die Spielregeln erklärt. Ziel des Spiels ist es, innerhalb von 20 Minuten ein möglichst umfangreiches Scrabble mit Bedürfnisbegriffen zu erzeugen.

- Jeder Bedürfnisbegriff darf nur einmal auf das Flipchartpapier geschrieben werden.
- Jeder Buchstabe füllt genau ein Kästchen aus.
- Die Schreibweise muss (bis auf die Umlaute) genau der Schreibweise auf der Liste entsprechen.
- Umlaute werden aufgelöst: Aus einem Ä wird ein A und ein E.
- Jedes neue Wort muss ein anderes Wort kreuzen oder mit einem Buchstaben eines anderen Wortes beginnen.
- Es darf nur von links nach rechts und von oben nach unten geschrieben werden.
- Buchstaben, die sich berühren, müssen einen Sinn ergeben. Es dürfen also keine zwei Wörter direkt nebeneinander geschrieben werden.
- Nach 20 Minuten Spielzeit legen die Teilnehmer auf ein Signal hin gleichzeitig die Stifte nieder.

Anschließend werden die Punkte ausgezählt. Jeder Bedürfnisbegriff zählt 10 Punkte. Wenn aus vier Bedürfnisbegriffen ein geschlossenes Viereck (egal ob Rechteck oder Quadrat) entstanden ist, werden zu den Punkten für die vier Wörter noch 50 Extrapunkte hinzuaddiert. Solche Kästen zu konstruieren ist anspruchsvoll. Trotzdem gelingen den Teilnehmern gelegentlich vier bis fünf Kästen, was zu enorm hohen Punktwerten führt.

Um die Einhaltung der Regeln zu überwachen, arbeiten bei der Auszählung immer ein Teammitglied der eigenen und ein Teammitglied einer anderen Gruppe zusammen. Die Gruppe mit der höchsten Punktzahl erhält einen Preis. Im Film erhalten die Mitglieder des Siegerteams jeweils ein Frühstücksbrettchen im Giraffendesign.

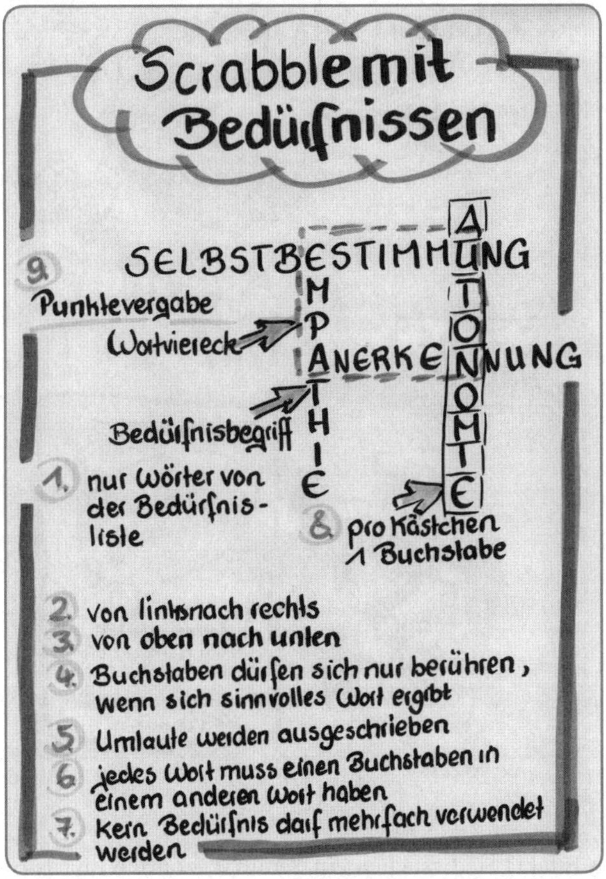

Straßengiraffisch

Kap. 26

Kennen Sie den Effekt? Sie besuchen ein Seminar, kommen nach Hause und Ihrer Sprache und Ihren neuen Ideen wird mit Misstrauen begegnet? Vielleicht fragt Sie jemand: „Warst du wieder auf einem Seminar?" Oder es wird eingewandt: „Müssen wir jetzt alle gewaltfrei miteinander reden?" Gefürchtet ist auch die Bitte: „Sprich doch wieder normal mit mir!"

Hintergrund solcher Fragen und Sticheleien ist einerseits die allgemein verbreitete Angst vor Veränderung, aber auch eine natürliche Skepsis gegenüber statischer Grammatik und Wortwahl. Sprache überzeugt vor allem dann, wenn sie authentisch klingt. Menschen wollen spüren, dass das Gesagte von innen heraus kommt und mit den Werten und den Erfahrungen des Gegenübers übereinstimmt.

Von einem Seminarbesucher zu verlangen, dass er frisch erlerntes Wissen über den Empathie-Prozess sofort geschmeidig in Szene setzt, wäre allerdings viel zu viel verlangt. Eine einfühlsame Sprache zu erlernen benötigt einige Zwischenschritte. Der Lernprozess lässt sich mit der Aneignung einer neuen Fremdsprache vergleichen. Stellen Sie sich vor, dass Sie drei Tage Holländisch lernen. Anschließend fahren Sie nach Amsterdam, um sich mit Einheimischen über das niederländische Modell der Integrationspolitik zu unterhalten. „Vaarwel …" Überfordern Sie sich nicht! Seien Sie aber auch mit denjenigen geduldig, in deren Gegenwart Sie sich ausprobieren.

Der Sinn von Straßengiraffisch

„Straßengiraffisch" nennen wir eine Wortwahl, die sich der Situation und den Beteiligten anpasst. Mit einem Kleinkind reden Sie anders als mit einem Akademiker, mit einer Ordensschwester anders als mit einem Türsteher. Dieser Prozess verläuft meistens unbewusst. Es geht nicht darum, den Zuhörer abzustempeln, sondern an vorhandenes Wissen anzuknüpfen und gut anzudocken.

Vorbereitung zur Übung „Straßengiraffisch"

Bilden Sie Kleingruppen mit fünf bis sechs Teilnehmern. Beschriften Sie Moderationskarten mit Rollen für die Teilnehmer. Wählen Sie aus folgenden Rollen aus oder überlegen Sie sich neue Rollen:

- 3-jähriges Mädchen
- 15-jähriger Teenager
- 23-jährigere Gefängnisinsassin ohne Berufsausbildung
- 32-jähriger IT-Spezialist
- 39-jährige spanische Kellnerin
- 42-jährige Aufsichtsratsvorsitzende
- 45-jähriger Oberarzt
- 48-jähriger russlanddeutscher Busfahrer
- 58-jährige Schalterbeamtin in der Dorf-Post
- 62-jähriger Direktor an einer Walldorf-Schule
- 84-jährige Professorin im Seniorenheim

Anleitung zur Übung „Straßengiraffisch"

Die Teilnehmer setzen sich in einen Kreis. Alle Teilnehmer bis auf Teilnehmer 1 wählen eine Rolle aus. Teilnehmer 1 spricht die Rollenspieler nacheinander mit einem eigenen Anliegen an. Dabei passt er sein Vokabular an die jeweilige Rolle seines Gesprächspartners an.

Beispiel zur Übung „ Straßengiraffisch"

Stellen Sie sich vor, Ihr Gegenüber fällt Ihnen bei einer Unterhaltung zum dritten Mal ins Wort. Sie ärgern sich, weil Sie gerne ausreden möchten. Sie wünschen sich Interesse für Ihre Sichtweise und Achtsamkeit im Umgang mit Ihrer Person. Sie fühlen, wie Ungeduld und Empörung in Ihnen aufsteigen. Anfangs waren Sie perplex, inzwischen fühlen Sie sich einerseits frustriert und andererseits geladen.

Gegenüber einer Dreijährigen könnte das heißen: „Hanna, du möchtest gerne, dass ich dir zuhöre, nicht wahr? Das tue ich gerne, weil ich dich verstehen möchte. Aber wenn ich rede, möchte ich auch ausreden dürfen. Dann weiß ich, dass auch mir zugehört wird, und das fühlt sich gut an. Bist du dazu bereit, mir bis zu Ende zuzuhören?"

Gegenüber der Schalterbeamtin in der Dorf-Post könnte die Formulierung folgendermaßen lauten: „Ich höre mir Ihre Vorschläge gerne an. Ich möchte Sie jedoch bitten, mich ausreden zu lassen. Sie haben mich gerade zum dritten Mal unterbrochen. Ich merke, dass ich innerlich zu kochen anfange. Bevor Sie mir Tipps geben, möchte ich erst einmal richtig erklären, worum es mir geht. Geht das?"

Gegenüber der Gefängnisinsassin in der Werkstatt ist folgende Formulierung denkbar: „Frau Müller, Sie dürfen die Maschine nur benutzen, nachdem Sie eine Einweisung erhalten haben. Mit jeder Unterbrechung zieht sich der Nachmittag in die Länge, ohne dass wir das Teil auch nur einmal in der Hand hatten. Ich finde das nervig und unbefriedigend. Lassen Sie mich bitte ausreden, damit wir mit der Einweisung zu einem Ende kommen und Sie – wie von Ihnen gewünscht – mit der Maschine loslegen können. Okay?"

Einzelarbeit zu meinen Bedürfnissen

Erinnern Sie sich an die Übung „Szenen aus dem Alltag" zurück. Dort haben Sie eine Situation ausgewählt, die Sie mithilfe der vier Schritte der Gewaltfreien Kommunikation näher ansehen wollen. Zum ersten Schritt „Beobachtung" und zum zweiten Schritt „Gefühle" haben Sie Ihr Arbeitsblatt „Fallarbeit mit den vier Schritten der Gewaltfreien Kommunikation" bereits ausgefüllt. Nehmen Sie sich das Arbeitsblatt jetzt erneut zur Hand und füllen Sie es für Schritt 3 „Bedürfnisse" aus.

Fragen zu Ihren Bedürfnissen

Lesen Sie sich zunächst Ihre Notizen zum Punkt „Beobachtungen" durch. Was ist in der Situation genau passiert, was wurde gesagt? Verbinden Sie sich dann erneut mit den Gefühlen, die Sie in dieser Situation erlebt haben. Lesen Sie sich dafür noch einmal durch, was Sie sich unter Schritt 2 „Gefühle" aufgeschrieben haben. Welche Emotionen haben sich zuerst eingestellt? Wie haben sich die Gefühle im Verlauf der Situation weiter entwickelt?

Nehmen Sie sich nun für die Beantwortung der dritten Zeile „Bedürfnisse" einen Stift zur Hand und gehen Sie die Liste mit den Bedürfnisbegriffen durch, die Sie auf den vorhergehenden Seiten finden. Auf welche unerfüllten Bedürfnisse weisen Ihre Gefühle hin? Welche Ihrer Bedürfnisse sind in der beschriebenen Situation in den Mangel geraten?

Verbinden Sie Bedürfnisbegriffe mit Gefühlswörtern und Beobachtungen

Ihr Arbeitsblatt enthält nun eine Vielzahl von Gefühlswörtern und Bedürfnisbegriffen, die in dieser Form noch keinen rechten Sinn ergeben. Wenn Sie sagen: „Ich bin müde, allein und voller Vorfreude. Es geht mir um Ruhe, Nähe und Intimität", dann versteht Ihr Gegenüber nur „Bahnhof". Ordnen Sie deshalb jedem Gefühl die zugrunde liegende Beobachtung und das jeweilige Bedürfnis zu. „Ich bin müde, weil ich eine lange Arbeitswoche hatte. Deshalb wünsche ich mir jetzt erst mal ein wenig Ruhe. Anderseits war ich im Büro die ganze Zeit allein. Deshalb würde ich später wahnsinnig gerne mit dir kuscheln. Ich habe total Lust auf Nähe und Berührung."

Markieren Sie die Zusammenhänge durch Verbindungspfeile oder notieren Sie sich die zusammengehörigen Gefühle und Bedürfnisse als Begriffspaare (z. B. müde – Ruhe, allein – Nähe).

Unterscheiden Sie zwischen Bedürfnissen und Strategien

Gehen Sie Ihre Bedürfnisbegriffe noch einmal durch. Vielleicht haben sich versehentlich Strategie-Vorschläge dazwischengemogelt. In unserem Beispiel sind Kuscheln und Berührung konkrete Handlungsvorschläge, um Nähe und Verbindung zwischen den Beteiligten herzustellen.

Falls Sie unter Schritt 3 „Bedürfnisse“ auf Ihrem Arbeitsblatt Strategien zur Bedürfnisbefriedigung finden, dann sortieren Sie diese unter Schritt 4 „Bitten“ ein. Möglicherweise entdecken Sie auf Ihrer Liste anschließend die eigentlichen Bedürfnisse, um die es bei diesen Strategien geht. Ergänzen Sie die dritte Zeile gegebenenfalls um Ihre neuen Erkenntnisse.

Für Fortgeschrittene: Unterscheiden Sie zwischen Bedürfnissen und Bedürfniserfüllern

Fortgeschrittene Anwender können sich darüber Gedanken machen, ob einige der von ihnen aufgelisteten Bedürfnisse nicht eher Bedürfniserfüller sind. In unserem Beispiel ist „Ruhe“ ein Bedürfniserfüller für „Erholung“. „Erholung“ ließe sich auch auf anderem Weg herstellen. „Intimität“ und „Nähe“ sind Bedürfniserfüller für „Verbindung“. Genau wie „Ruhe“ lässt sich auch „Verbindung“ auf unterschiedlichen Wegen erzeugen.

Wenn Sie diese Unterscheidung neugierig macht, können Sie mit einer Tabelle experimentieren, die die Überschriften „Bedürfnisse“, dazugehörige „Bedürfniserfüller“ und „Strategien“ enthält. Auf diese Weise wird deutlich, wie unbegrenzt die Zahl der Möglichkeiten ist, wenn es um die Erfüllung von Bedürfnissen geht (z. B. Bedürfnis: Verbindung / Bedürfniserfüller: Nähe, Intimität oder gemeinsamer Ausflug / Strategien: auf dem Sofa Arm in Arm miteinander reden, Kuscheln, Spaziergang zum See oder japanisch essen gehen).

Priorisieren Sie Ihre Ergebnisse

Markieren Sie abschließend diejenigen Bedürfnisse und Bedürfniserfüller, die Ihnen in der beschriebenen Situation am wichtigsten waren oder die aktuell für Sie – bezogen auf den Konflikt – die größte Rolle spielen. Bei der Bewältigung oder Klärung einer schwierigen Situation ist es hilfreich, wenn Sie sich auf das Wesentliche konzentrieren. Zu viele Worte verwässern das Anliegen und überfordern die Zuhörer.

Nummerieren Sie Ihre Bedürfnisse gegebenenfalls nach Priorität. Die wichtigsten Bedürfnisse bekommen eine 1, die zweitwichtigsten eine 2 usw. Falls Sie unter Zeitdruck stehen, sollten Sie Ihr Gespräch mit dem Hauptanliegen beginnen und danach schauen, ob noch Raum für weitere Anliegen vorhanden ist. Falls alle Ihre Themen Gehör finden, können Sie abschließend betonen, was Ihr Kernanliegen ist, und nachfragen, ob Ihre Top-Priorität als solche angekommen ist.

Bitten (Einführung)

Kap. 27

Als eine seiner wichtigsten Einsichten bezeichnete Marshall B. Rosenberg die Erkenntnis, dass mit jeder Aussage eines Menschen eine Bitte verknüpft ist. Manchmal wollen wir erreichen, dass eine Person oder eine Gruppe etwas Bestimmtes tut. Oft wollen wir aber auch nur verstanden werden. In diesem Fall erhoffen wir uns als Reaktion entweder Signale der Einfühlung oder wir wollen hören, ob unsere Botschaft beim Gesprächspartner richtig angekommen ist. In all diesen Fällen wünschen wir uns eine sichtbare Reaktion auf das, was wir sagen.

Weil wir unsere Wünsche jedoch häufig nicht aussprechen oder nur vage andeuten, fällt die Reaktion auf das, was wir sagen, oft beliebig aus. Ein von Ineffizienz, Frustration und Ärger geprägter Kommunikationskreislauf setzt sich in Bewegung. Ihn zu durchbrechen ist ein wesentliches Ziel der Gewaltfreien Kommunikation.

Gründe für das Fehlen klarer Bitten

Es gibt viele Gründe, warum Menschen das Aussprechen einer klaren Bitte vermeiden. Hier finden Sie eine Auswahl, von denen wir in unseren Trainings gehört haben:

- Manche Menschen glauben, dass sie das, worum sie bitten, nicht verdienen.
- Andere möchten nicht als bedürftig oder als „Weichei“ wahrgenommen werden.
- Viele Menschen sind davon überzeugt, dass sie es allein hinkriegen müssen.
- Wieder andere haben vor allem Angst vor dem Schmerz, zurückgewiesen zu werden.
- Weitverbreitet ist auch die Annahme, dass unser Gegenüber von allein wissen muss, was wir brauchen, ohne dass wir es extra darum bitten müssen.

Marshall B. Rosenberg sieht die Hauptursache für das Vermeiden von Bitten in einer Erziehung, die „Brav-Sein“ stärker fördert als das Aussprechen eigener Gefühle und Bedürfnisse. Im Extremfall wird das ständige Herunterschlucken eigener Anliegen mit Niedergeschlagenheit und Depression bestraft. Umgekehrt wirkt sich das Training klarer Bitten schnell positiv auf die Grundstimmung und das Erleben von Selbstwirksamkeit aus.

Arten von Bitten

Es gibt fünf verschiedene Arten von Bitten, die zu unterschiedlichen Gesprächssituationen passen und die wir Ihnen im Einzelnen vorstellen wollen.

1. Bitten um konkrete Handlungen
2. Bitten um Empathie
3. Bitten um Rückmeldung
4. Bitten um die Wiedergabe des Gesagten zur Sicherstellung des Verständnisses
5. Bitten an uns selbst

Bitten um konkrete Handlungen

Die gebräuchlichste Bitte ist die um konkrete Handlungen. „Wärst du bereit, mir ein Mohnbrötchen mitzubringen, wenn du beim Bäcker vorbeikommst?" „Können Sie die Inhalte bitte bis morgen Mittag um 12 Uhr als PowerPoint-Präsentation aufbereiten?" „Bitten rücken Sie alle einen halben Meter nach rechts, dann komme ich mit dem Tisch besser vorbei."

Folgende Kriterien entscheiden wesentlich über die Erfolgschancen Ihrer Bitten:

- Drücken Sie sich *so konkret wie möglich* aus. „Ein Mohnbrötchen" ist präziser als „etwas vom Bäcker". Der Zeitpunkt „12 Uhr" ist eindeutiger als „am Mittag". Mit der Anweisung „einen halben Meter nach rechts" erzeugen Sie eine klarere Vorstellung als mit „ein Stück zur Seite".
- Verwenden Sie *eine positive Handlungssprache.* Beschreiben Sie das, was Sie brauchen, anstatt darüber zu sprechen, was Sie zukünftig nicht mehr wünschen. „Ein Mohnbrötchen" ist eine klarere Beschreibung als „bitte nicht mehr diesen Zuckerkram". Wenn Sie um Letzteres bitten, müssen Sie einkalkulieren, dass je nach Interpretation eine Bockwurst mit Toast, eine Packung Pumpernickel oder ein Stück Torte mit Zucker-Ersatzstoff eingekauft wird.
- Wählen Sie Bitten aus, die *realistisch und erfüllbar* sind.
- Von einem Appell unterscheidet sich eine Bitte dadurch, dass ihr *Erfolg im Hier und Jetzt überprüfbar* ist. Es ist nutzlos, einen Menschen darum zu bitten, „immer pünktlich" zu sein. Auf Pünktlichkeit haben wir nur bedingt Einfluss, da Verabredungen von vielen Faktoren beeinflusst werden. Wir können jedoch dafür sorgen, dass unser Wunsch nach Verlässlichkeit stärker berücksichtigt wird, indem wir „konkrete Absprachen über das Verhalten bei unvorhergesehenen Verspätungen" treffen.

- *Stellen Sie wichtigen oder kritischen Bitten die Beschreibung Ihrer Beobachtungen, Gefühle und Bitten voran.* Die Formulierung „Bitte sag den Skatabend ab!" könnte Ihren Partner irritieren oder sogar Wut bei ihm auslösen. Erfolg versprechender klingt die Bitte im Rahmen des Kontexts: „Ich habe unerklärliche Schwindelgefühle. Das macht mir Angst. Ich wünsche mir, dass heute Abend jemand in meiner Nähe ist, der mir hilft, falls mir etwas passiert. Wärst du bereit, den Skatabend zu verschieben und bei mir zu bleiben?"
- Verwenden Sie für die gesamte Formulierung (inklusive Beobachtung, Gefühl und Bedürfnis) *weniger als 50 Wörter.* Mehr Wörter führen zu Verwirrung und Überforderung. Achten Sie darauf, dass Sie die eigentliche Bitte an den Schluss rücken, um damit einen Handlungsimpuls auszulösen.
- *Überlassen Sie dem Gesprächspartner die Entscheidung, ob er Ihre Bitte erfüllt.* Wenn Sie das nicht können, handelt es sich nicht um eine Bitte, sondern um eine Forderung oder einen Befehl. Auch Anweisungen sind manchmal nötig, gelegentlich sogar gewünscht. Bedenken Sie jedoch, dass Sie aller Wahrscheinlichkeit nach einen Preis dafür bezahlen werden, wenn der andere Ihre Bitte gezwungenermaßen erfüllt. Die Rechnung kann Ihnen in Form von Feindseligkeit, Kontakt-Vermeidung, Revanche, Nachrede oder auf anderen Wegen präsentiert werden.

Bitten um Empathie

Eine Bitte um Empathie ist die Bitte um Einfühlung in unsere Gefühle und Bedürfnisse. Eine solche Bitte können wir äußern, wenn es uns um Nähe, Verständnis oder Geborgenheit geht. Wir wünschen uns einen guten Zuhörer, der auf gute Ratschläge und eigene Kommentare verzichtet und einfach nur spürt (oder ausspricht), wie es uns gerade geht.

Obwohl dieser Wunsch sehr häufig auftritt, sind nur wenige Menschen in der Lage, präzise zwischen Empathie, Mitleid, Sympathie oder intellektuellen Verständnisbekundungen zu unterscheiden. Deshalb wird der Wunsch nach Empathie häufig missverstanden. Folgende Formulierung kann dazu beitragen, dass sich der Wunsch nach Einfühlung erfüllt: „Es gibt etwas, das ich gerne aussprechen möchte. Ich habe die Bitte, dass du dir das anhörst. Aber Achtung: Ich brauche keinen Ratschlag und es geht mir auch nicht um Mitleid oder Sympathiebekundungen. Ich bitte dich einfach nur darum, dass du mir zuhörst und zu verstehen versuchst, was gerade bei mir los ist. Okay?"

Bitten um Rückmeldung

Oft interessieren uns natürlich auch die Resonanzen und die Meinung unseres Gegenübers zu den Inhalten eines Gesprächs. In diesem Fall bitten wir um Rückmeldung: „Wie geht es dir mit dem Gesagten?“ „Was meinst du zu diesem Thema?“ „Was macht das mit dir, wenn du das so hörst?“ „Welche Resonanzen verspürst du beim Zuhören?“

Bitten um die Wiedergabe des Gesagten zur Sicherstellung des Verständnisses

Kontroverse Gespräche enden gelegentlich in einer „Ja-aber …“-Sackgasse. Vor lauter Selbstbehauptung kann sich niemand mehr daran erinnern, was eigentlich die zentralen Anliegen des anderen sind. Für solche Fälle gibt es eine wirksame Deeskalationsmethode. Bitten Sie um die Wiedergabe des bisher Gesagten.

Achten Sie bei Ihrer Bitte auf eine respektvolle Formulierung. Ansonsten laufen Sie Gefahr, mit einem Lehrer verwechselt zu werden, der die Leistung seines Gesprächspartners überprüfen will. Gute Erfahrungen haben wir mit folgendem Wortlaut gesammelt: „Ich möchte sicher sein, dass ich mich verständlich ausdrücken konnte. Wärst du bereit, mir kurz sagen, was als mein Hauptanliegen bei dir angekommen ist?“

Bitten an uns selbst

Am häufigsten haben wir Bitten an uns selbst (auch wenn wir diese oft gar nicht bewusst wahrnehmen). Auch bei Bitten an uns selbst gelten oben stehende Erfolgskriterien. Wenn Sie also beispielsweise mit dem Umfang Ihres Bauchs nicht zufrieden sind, lohnt es sich, das GFK-Formblatt zur Hand zu nehmen und einen kurzen Dialog mich sich selbst zu führen. „Seitdem ich wieder täglich Cola trinke, habe ich vier Kilo zugenommen. Meine Klamotten spannen plötzlich. Ich möchte etwas für meine Gesundheit tun und schlanker aussehen. Mein konkretes Ziel ist es, die vier Kilo wieder runterzukriegen. Deshalb werde ich bis Weihnachten keine Softdrinks kaufen und zweimal wöchentlich ins Fitness-Studio gehen.“

Mit einem „Nein“ umgehen

Es ist nicht immer angenehm, aber es ist eine Realität: Manchmal gibt es begründete Anlässe für ein „Nein“ zu unserer Bitte:

1. Die Bitte passt rein sachlich nicht.
2. Die Bitte beißt sich mit einem Bedürfnis unseres Gegenübers.
3. Die Bitte ist eigentlich eine Forderung oder sie wurde von unserem Gegenüber als Forderung verstanden.

Ein „Nein“ zu einer Bitte ist immer auch ein „Ja“ zu einem anderen Bedürfnis, das unser Gegenüber sich erfüllen möchte. Insofern ist es eine Frage des Respekts und der Achtsamkeit, ihm da, wo keine Gefahr für Leib und Leben besteht oder eine bestehende Abmachung verletzt wird, das Recht zuzugestehen, für seine eigenen Bedürfnisse einzutreten. Ein „Nein“ muss auch nicht das Ende einer Verhandlung bedeuten. Wir können erfragen, um welche Bedürfnisse und Interessen es unserem Gegenüber bei seinem „Nein“ geht. Vielleicht fällt uns eine Bitte ein, die mit diesen Bedürfnissen nicht im Wiederspruch steht.

In gesunden Beziehungssystemen geht es nicht nur um die Frage, was jemand für einen anderen Menschen tun soll. Es geht auch darum, aus welcher Motivation heraus er es tut. Vertrauen, Arbeitszufriedenheit und Leistungsbereitschaft wachsen, wenn Menschen auch mit ihren Einwänden gehört werden und sich mit ihren Bedürfnissen in Absprachen und Lösungen wiederfinden.

Wolfsrudel und Giraffenherde

Kap. 28

Bei der Übung „Wolfsrudel und Giraffenherde“ wird das Umformulieren von Forderungen in Bitten geübt. Die Teilnehmer erfahren auf kognitiver und körperlicher Ebene, wie unterschiedlich sich die Energie anfühlt, die von Forderungen und Bitten ausgeht.

Ablauf der Übung

Die Gesamtgruppe wird per Los in zwei Kleingruppen aufgeteilt. Die Gruppen stellen sich in zwei Reihen einander gegenüber auf. Ein Teilnehmer der Gruppe 1 nimmt sich die Wolfspuppe und äußert eine Forderung, die sich an die Gruppe gegenüber richtet. Beispiel: „Diesmal entscheide ich, wie der Sommerurlaub gestaltet wird“. Das eigene Wolfsrudel schließt sich der Forderung durch „Wolfsgeheul“ an: „Immer darfst nur du entscheiden.“ „Jetzt ist Schluss mit lustig!“ „Jetzt heißt es vom Thron herabsteigen, werter Herr / werte Dame!“

Wenn das Wolfsrudel genug geheult hat, nimmt sich ein Teilnehmer der Gruppe gegenüber die Giraffenpuppe. Die Gruppe mit der Giraffe (die Giraffenherde) versucht gemeinsam das eigentliche Anliegen zu erfragen.

Beispielvarianten

1. „Bist du sauer, weil du gesehen hast, dass ich die letzten beiden Male die Urlaubsziele ausgesucht habe? Möchtest du sicherstellen, dass auch deine Sehnsüchte zum Zuge kommen? Möchtest du dieses Jahr über den Urlaubsort mitentscheiden?“
2. „Du machst einen richtig genervten Eindruck. Sehe ich das richtig? Möchtest du, dass ich verstehe, was es in dir auslöst, wenn nur ich die Urlaubsziele festlege? Möchtest du, dass ich dir zuhöre, wenn du davon erzählst, wie sich das in den letzten Jahren für dich angefühlt hat?“
3. „Bist du unzufrieden mit den Entscheidungsstrukturen? Wünschst du dir, dass sich unsere Partnerschaft mehr in Richtung Gleichberechtigung entwickelt? Wünschst du dir Gewissheit, dass diese Botschaft bei mir angekommen ist?“

Diese Form der Fragestellung nennen wir empathische Spekulation. Die unterschiedlichen Varianten unseres Beispiels decken die verschiedenen Möglichkeiten einer Bitte ab: 1) die Bitte um eine konkrete Handlung, 2) die Bitte um Einfühlung und 3) die Bitte um Wiedergabe des Gesagten.

Sobald der Falleinbringer mit der Wolfspuppe bestätigt, dass sein Anliegen von der Giraffenherde richtig verstanden wurde, ist die jeweilige Übungsrunde zu Ende. Wolfsrudel und Giraffenherde tauschen die Handpuppen und die ehemalige Giraffenherde startet die nächste Runde mit einem neuem Wolfsgeheul.

Einzelarbeit zu Bitten

Kap. 29

Nehmen Sie sich ein letztes Mal das Arbeitsblatt zu Ihrem Konfliktfall in die Hand. Lesen Sie sich erneut durch, welche Beobachtungen Sie in der Situation gemacht haben (Zeile 1: Beobachtungen), wie es Ihnen dabei ging (Zeile 2: Gefühle) und was Sie gebraucht hätten oder jetzt brauchen (Zeile 3: Bedürfnisse). Machen Sie sich nun Gedanken darüber, um was Sie Ihren Gesprächspartner oder sich selbst bitten wollen, um die Situation zu klären oder eine gute Lösung herbeizuführen.

- Welche konkreten Ideen fallen Ihnen zu einer guten Lösung ein?
- Was wäre der nächste Schritt?
- Worum möchten Sie Ihren Gesprächspartner oder sich selbst bitten?

„Wären Sie bereit ...?"

Schauen Sie noch einmal auf die unterschiedlichen Arten einer Bitte. Welche würden in Ihrem Fall Sinn ergeben?

1. Bitten um konkrete Handlungen
2. Bitten um Empathie
3. Bitten um Rückmeldung
4. Bitten um die Wiedergabe des Gesagten zur Sicherstellung des Verständnisses
5. Bitten an uns selbst

Prüfen Sie abschließend, ob Ihre Bitten den Kriterien an eine Erfolg versprechende Bitte genügen:

- Die Bitte ist so konkret wie möglich.
- Sie benutzt eine positive Handlungssprache.
- Sie ist realistisch und erfüllbar.
- Ihr Erfolg ist im Hier und Jetzt überprüfbar.
- Sie haben Ihrer Bitte die Beschreibung Ihrer Beobachtungen, Gefühle und Bedürfnisse vorangestellt.
- Die gesamte Formulierung (inklusive Beobachtung, Gefühl und Bedürfnis) umfasst weniger als 50 Worte.
- Sie überlassen Ihrem Gesprächspartner die Entscheidung, ob er Ihre Bitte erfüllt.

Jetzt haben Sie das Modell der vier Schritte für Ihr persönliches Beispiel abgeschlossen. Dies ist ein wichtiger Schritt bei der Vorbereitung eines schwierigen Klärungsgesprächs.

Formblatt mit Fragen zu den vier Schritten der GFK

Die vier Hauptbezugspunkte der Gewaltfreien Kommunikation sind wertfreie Beobachtungen, echte Gefühle, aktuelle Bedürfnisse und Bitten an uns selbst oder andere. Im Gespräch und beim Üben stellen wir uns oder unserem Gegenüber Fragen zu diesen Themen. Das Besondere an der Gewaltfreien Kommunikation ist, dass diese Fragen sehr einfach klingen.

Fragen zu Schritt 1: Beobachtung

- Was ist, wertfrei betrachtet, genau geschehen?
- Was haben Sie konkret beobachtet?
- Was genau wurde gesagt und getan?

Fragen zu Schritt 2: Gefühle

- Wie geht es Ihnen mit dem Gesagten (Gehörten, Beobachteten ...)?
- Was lösen die Beobachtungen bei Ihnen aus?
- Wie fühlen Sie sich dabei?

Fragen zu Schritt 3: Bedürfnisse

- Um welches Bedürfnis geht es in dieser Situation?
- Was genau ist Ihnen dabei wichtig?
- Geht es Ihnen um ... (Sicherheit, Zusammenarbeit, Selbstbestimmung o. Ä.)?

Fragen zu Schritt 4: Bitten

- Wie könnte Ihre diesbezügliche Bitte lauten?
- Was genau wäre ein passender nächster Schritt?
- Auf welche Weise kann ich Sie konkret unterstützen?

Die Fragen zu den vier Schritten der Gewaltfreien Kommunikation verfolgen vor allem die Absicht 1) den Reflexionsprozess zu verlangsamen, 2) das Erleben im aktuellen Moment zu vertiefen und 3) den Kontakt mit den inneren Anteilen herzustellen, die bei einem achtsamen Vorgehen hinter dem Getöse des Alltags hervortreten.

Erfahrungsgemäß verlangsamt sich das Denk- und Sprechtempo um die Hälfte, wenn das Fühlen in den Prozess integriert und auf innere Resonanzen geachtet wird. Außenstehende sind durch Übungen wie das GFK-Tanzparkett oder das Sechs-Stühle-Modell der GFK gelegentlich irritiert, weil die Dynamik einer alltäglichen Unterhaltung fehlt. Der Gewinn liegt jedoch auf der Hand: Wer erspüren kann, was die Beteiligten im tiefsten Inneren antreibt, gewinnt ein völlig anderes Verständnis für die Konfliktursachen und neue Anhaltspunkte für gute Lösungen. Unser Verhalten orientiert sich dann nicht länger an Richtig / falsch-Gedanken und alten Glaubenssätzen, sondern an dem, was jetzt gerade „in uns lebendig ist" (wie Rosenberg es ausdrücken würde). Daraus entstehen Klarheit und Sicherheit für das eigene Handeln.

Kap. 30

GFK-Tanzparkett zur Selbsteinfühlung – Einführung

Das GFK-Tanzparkett (manche nennen es auch „Giraffentanzparkett“) erfreut sich bei Anfängern und Fortgeschrittenen größter Beliebtheit. Es wird zur Klärung eigener Anliegen eingesetzt und eignet sich ausgezeichnet für Coaching und Supervision. Es ist ein einfaches Instrument, das dennoch Tiefgang entfaltet und zu beeindruckenden Aha-Erlebnissen verhilft.

Es existiert in vielfältigen Variationen: zur Bewältigung von Schuldgefühlen, zur Entscheidungsfindung, für das Training eines Dialogs etc. Unklar ist, wer die Übung erfunden und wer welche Variante als Erster entdeckt hat. Oft wird das GFK-Tanzparkett Bridget Belgrave und Gina Lawrie zugeschrieben, die Anleitungen und Filme zu diesem Thema veröffentlicht haben.

In diesem Kapitel stellen wir das GFK-Tanzparkett zur Selbsteinfühlung vor. Es handelt sich um die Grundform des Tanzparketts, von der sich alle anderen Varianten ableiten. Es basiert auf der heilenden Kraft der Selbstempathie und dient der Reflexion und Lösungsfindung. Man kann es allein, in einer Übungsgruppe, am Telefon oder im Beratungskontext nutzen.

Materialien

Als Material benötigen Sie für das GFK-Tanzparkett fünf Bodenkarten mit den Aufschriften „Beobachtung“ (blau), „Gefühl“ (rot), „Bedürfnis“ (gelb), „Bitte“ (grün) sowie „Bewertungen und Beschuldigungen“ (violett). Die Farbzuordnung ist ein Vorschlag, den Sie nach eigenen Vorlieben verändern können. Die Karte „Bewertungen und Beschuldigungen“ heißt im Film „Wolfstheater“ und wird von Kollegen auch als „Wolfsshow“ bezeichnet.

Praxistipp

Bewährt haben sich DIN-A4-Blätter mit extra dickem buntem Papier (150–300 Gramm), das laminiert wird. Auf diese Weise sind die Karten auch aus der Entfernung (Zuschauerkreis) gut lesbar und sie lassen sich problemlos von Fußabdrücken und Schmutz reinigen. Dadurch können Gruppen nicht nur in geschlossenen Räumen, sondern auch im Grünen mit dem GFK-Tanzparkett arbeiten.

Weitere hilfreiche Arbeitsmaterialien sind Listen mit Gefühlen und Bedürfnissen sowie ein Arbeitsblatt mit Fragen zu den vier Schritten der GFK.

Anleitung

Die Karten werden in einer gespiegelten L-Form auf dem Boden ausgelegt: Breiten Sie zunächst die Karten „Beobachtung“, „Gefühl“, „Bedürfnis“ und „Bitte“ in einer Linie hintereinander aus. Platzieren Sie dann die Karte „Bewertungen und Beschuldigungen“ neben die Karte „Beobachtung“.

Auf dem GFK-Tanzparkett arbeiten *zwei* Übungspartner miteinander. Ein Falleinbringer klärt sein Anliegen. Ein Begleiter hilft dem Falleinbringer, indem er zum Erzählen einlädt, nachfragt und ihm bei der Orientierung auf den Karten hilft. Wenn alle Beteiligten einverstanden sind, können beliebig viele Zuschauer den Prozess schweigend mitverfolgen.

Der Falleinbringer benennt sein Thema und startet auf einer beliebigen Karte. In der Regel beginnt er bei der Karte „Beobachtung“, damit alle besser verstehen, worum es geht. Damit der Falleinbringer schneller und besser Zugang zu seinen Gefühlen und Bedürfnissen bekommt, geben wir ihm eine kleine laminierte Karte in die Hand, auf deren einer Seite (rot) eine Liste mit Gefühlswörtern und auf deren anderer Seite (gelb) eine Liste mit Bedürfnisbegriffen abgedruckt ist.

Der Begleiter steht ca. 1,5 Meter weit vor dem Falleinbringer und hört aktiv zu. Dabei fasst er wesentliche Aussagen des Falleinbringers pointiert zusammen. Ist der Falleinbringer unschlüssig, lädt er mit Fragen zu den vier Schritten der GFK zum Nachdenken ein: „Was ist ganz konkret vorgefallen?“ „Wie ging es dir in dem Moment?“ „Was hättest du damals gebraucht?“ „Welches deiner Bedürfnisse wird dir jetzt gerade bewusst?“ „Fällt dir dazu vielleicht eine Bitte ein?“

Die Kunst der Begleitung besteht darin, sich mit seinen eigenen Gefühlen und Gedanken aus dem Prozess herauszuhalten. Anderen Empathie zu schenken bedeutet, ganz bei ihnen zu sein. Nur wer gut mitschwingt, bemerkt die Punkte, die beim Falleinbringer emotional aufgeladen sind. In solchen Augenblicken gilt es nachzufragen: „Du hast gerade von (…) gesprochen. Ich habe den Eindruck, das macht etwas mit dir. Bist du bei dem Gedanken traurig geworden?“

Durch Erspüren und Vertiefen steuert sich der Falleinbringer selbst zu denjenigen Erkenntnissen, die ihn einen Schritt weiterbringen. Der Hauptbeitrag des Begleiters besteht darin, als Resonanzgeber für Verlangsamung zu sorgen. Dadurch kommt der Falleinbringer mit Gefühlen und Bedürfnissen in Kontakt, die er „im Eifer des Gefechts“ bisher übersprungen hat. Häufig sind die Beteiligten von den Ergebnissen überrascht.

Der intensive Kontakt zu sich selbst schafft Klarheit und löst Aufbruchsstimmung aus. „Jetzt habe ich eine Idee …" Die damit verbundene Bitte kann der Falleinbringer an sich selbst oder als Bitte an eine andere Person richten.

Während sich der Begleiter auf das Mitschwingen konzentriert, kann ihn eine innere Resonanz manchmal regelrecht blockieren. Vielleicht ist ihm z. B. ein Verhaltensmuster aufgefallen, das der Falleinbringer offensichtlich nicht wahrnimmt. In einem solchen Fall kann der Begleiter den Falleinbringer fragen, ob er die Resonanz hören möchte. Hierbei ist wichtig, dass der Begleiter seine eigenen Ideen nicht gegen den Willen des Falleinbringers durchsetzt. Seien Sie als Begleiter wachsam gegenüber dem eigenen Helfersyndrom. Sie sind beim GFK-Tanzparkett nicht in der Rolle eines Coachs. Es schöpft seine Kraft in erster Linie aus schrittweiser Selbsterkenntnis.

Der Nutzen der Bodenanker

Die laminierten Karten dienen den Beteiligten als Bodenanker, auf denen sie ihre Gedanken sortieren. Der Begleiter achtet darauf, dass der Falleinbringer beim Erzählen auf der passenden Karte steht. Steht der Falleinbringer auf einer falschen Karte (er spricht zum Beispiel über Gefühle und steht auf der Karte „Beobachtung"), lädt ihn der Begleiter durch eine Geste dazu ein, das Feld zu wechseln.

Die Verknüpfung von 1) eigenen Erlebnissen, 2) der Struktur der GFK und 3) räumlichem Denken regt das Gehirn dazu an, aus alten „Denkrillen" (ein Ausdruck von Vera F. Birkenbihl) auszubrechen und neue Wege auszuprobieren.

GFK-Tanzparkett Demonstration

Kap. 31

Das GFK-Tanzparkett, das wir Ihnen auf der DVD vorführen, ist mit acht Minuten Filmlänge eine kurze Version dieser Übung. Der Fall wurde vorab nicht besprochen, damit der Film einen authentischen Prozess abbildet. Bei einem anderen Thema oder einem anderen Verlauf hätte das Tanzparkett auch länger dauern können. Die längsten Tanzparkette, die wir bislang begleitet haben, dauerten 90 Minuten.

Hinweise für das Gelingen des GFK-Tanzparketts:

- Das Erreichen einer Bitte ist keine Pflicht. Selbstklärung ist ausreichend als Ergebnis.
- Begleiter können die Liste mit den hilfreichen GFK-Fragen in die Hand nehmen.
- Lassen Sie sich viel Zeit auf dem GFK-Tanzparkett. Die Sprechgeschwindigkeit sinkt, Sprechpausen regen zur Reflexion ein. Das Dialog-Tempo halbiert sich. Auf unerfahrene Außenstehende kann das langatmig wirken. Aber gerade die Verlangsamung ermöglicht neue Dimensionen des Fühlens und Spürens.
- Wenn Falleinbringer und Begleiter „auf dem Schlauch stehen", können sie die Zuschauer um Resonanzen bitten. Achten Sie darauf, dass Resonanzen nicht als Lösungsideen angeboten werden. Dosieren Sie den Kontakt mit dem Außenkreis vorsichtig, damit der Falleinbringer auch den Kontakt zu seinem Inneren aufrecht halten kann.
- Beenden Sie das GFK-Tanzparkett, wenn der Falleinbringer signalisiert, dass er auf eine bereichernde Erkenntnis gestoßen ist und / oder keine Energie mehr hat.
- Auch wenn kein zählbares Ergebnis erreicht wurde, geht der Prozess oft unbewusst weiter. Kopf und Körper wurden angeregt zu fühlen und zu reflektieren. Manchmal purzeln bereits auf dem Nachhauseweg die Erkenntnisse.

Die Bedeutungsfrage

Im Film stellt der Begleiter dem Falleinbringer die sogenannte „Bedeutungsfrage". Die Bedürfnisse „Freiwilligkeit", „Autonomie", „Gesehen werden", „Klarheit" und „Struktur" lösen bei der Falleinbringerin zwar eine starke Resonanz aus, den Ärger erklären sie ihr aber nicht vollständig. Der Begleiter fragt deshalb: „Welche Bedeutung haben für dich Struktur und Klarheit?" Die Falleinbringerin antwortet: „Wenn ich Klarheit und Struktur habe, kann ich einen ganzen Fächer an Möglichkeiten, Reserven und Energie hochholen. Wenn ich gedrängt werde, kann ich nicht mit all dem helfen, was mir zur Verfügung steht. Das wusste ich die ganze Zeit nicht."

„Klarheit“ und „Struktur“ sind also Bedürfniserfüller, die es der Falleinbringerin ermöglichen, sich ihren tiefer liegenden Bedürfnissen zuzuwenden: die Mutter kreativ und kraftvoll zu unterstützen.

Feedback geben

Kap. 32

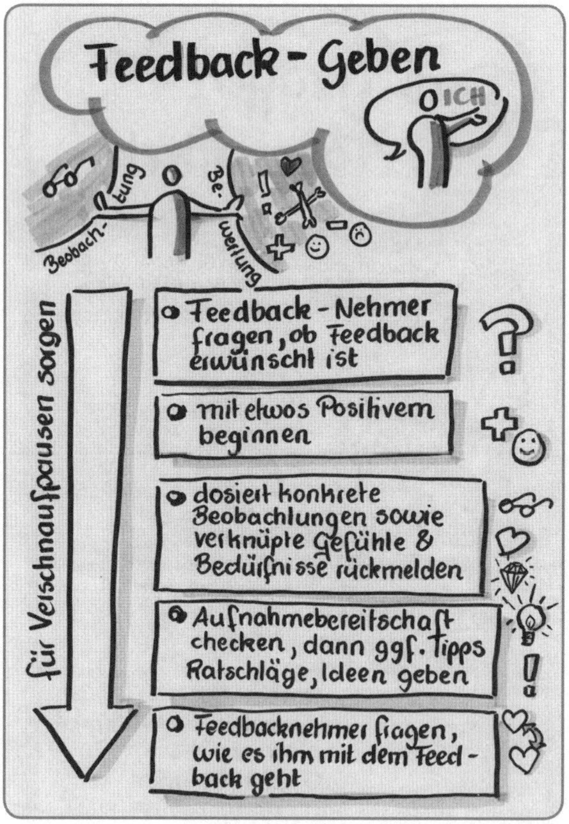

Feedback ist die wichtigste Ressource für den eigenen Lernprozess. Egal worin Sie sich verbessern wollen: Regelmäßige Feedback-Schleifen sind der wichtigste Faktor auf diesem Weg. Das weist Barry Duncan eindrucksvoll in seinem Buch *On Becoming a Better Therapist* (American Psychological Association) für den Beruf des Psychotherapeuten nach. Wir glauben, dass diese Erkenntnisse auf jede Berufsgruppe und nahezu alle denkbaren Veränderungsprozesse übertragbar sind.

Doch Feedback ist nicht gleich Feedback. In unseren Workshops trainieren wir ein Feedback, in dem sauber zwischen Beobachtung und Bewertung unterschieden wird. Außerdem ist uns wichtig, dass Feedback in Form einer Ich-Botschaft geäußert wird.

Ablauf des Feedbacks

1. Bevor Sie loslegen: Fragen Sie Ihren Gesprächspartner, ob er Ihr Feedback überhaupt haben möchte. Unerwünschtes Feedback kann heftige Gegenwehr auslösen. Es ist ein Zeichen von Respekt, wenn wir unser Gegenüber selbst entscheiden lassen, ob er durch unser Feedback etwas dazulernen möchte. Falls Feedbackgeben zu Ihrer Rolle (beruflich oder privat) zwingend dazugehört, können Sie immerhin fragen, ob der Zeitpunkt und die Umstände passen.
2. Beginnen Sie Ihr Feedback mit etwas, was Ihnen gefallen hat und was Sie auch in Zukunft gern weiter erleben würden. Bei kritischem Feedback werden positive Aspekte leicht vergessen. Kleine oder größere Erfolge werden als selbstverständlich eingeschätzt, obwohl sie Kraft und Engagement gekostet haben. Indem Sie auch positive Dinge ansprechen, gestalten Sie Ihr Feedback ausgewogen und Sie verstärken das Gerechtigkeitsgefühl.
3. Beziehen Sie Ihr Feedback auf konkrete Beobachtungen. Erzählen Sie von Ihren Gefühlen und Bedürfnissen. „Als ich gesehen habe …“, „Als ich gehört habe …“, „fühlte ich mich …“, „ging es mir damit …“, „weil ich … brauchte“, „weil ich mir gewünscht hätte …“. Dosieren Sie Ihr Feedback. Beschränken Sie sich auf wenige wichtige Informationen und Aspekte. Wenn Sie sich Verständnis für Ihr Anliegen wünschen, dürfen Sie Ihren Gesprächspartner weder vom Kernthema ablenken noch kognitiv überfordern.
4. Falls Sie konkrete Ideen haben, was Ihnen in der Situation geholfen hätte, können Sie Ihrem Gesprächspartner davon erzählen. Auch hier raten wir: Fragen Sie vorab, ob er noch aufnahmebereit ist. Das Annehmen von Tipps und Ratschlägen erfordert Konzentration und Souveränität. Wenn Ihr Zuhörer mit Scham, Enttäuschung oder Ärger kämpft, schützt er sich möglicherweise vor weiteren Zeichen seiner Unterlegenheit. Vielleicht ist er aber auch ganz wild darauf, einen Tipp zu bekommen.
5. Fragen Sie den Feedback-Nehmer abschließend, wie es ihm mit dem Feedback geht. Diese Frage ist sehr wichtig, denn Feedbackprozesse sind mit dem Thema Selbstwert verknüpft und können starke Emotionen auslösen. Im Abschlussgespräch merken Sie, wie Ihr Feedback aufgenommen wurde und ob es Nachsteuerungsbedarf gibt.

Weiterführende Hinweise

- Menschen reagieren auf Feedback oft mit Rechtfertigungen. Im schlimmsten Fall wird aus dem Feedback ein Kampf um „Richtig" oder „Falsch". Machen Sie sich deshalb als Feedback-Nehmer bewusst, dass das Feedback die persönliche Meinung Ihres Gegenübers ist. Warten Sie einen Moment, bevor Sie darauf reagieren. Fühlen Sie sich frei, das Feedback anzunehmen oder zu verwerfen. In unseren Trainings legen wir Wert darauf, dass Feedback als Geschenk betrachtet wird, das einen Abgleich zwischen Selbstbild und Fremdbild ermöglicht.
- Beenden Sie das Feedback, wenn es dem Empfänger zu viel wird. Feedback kann als übergriffig erlebt werden, wenn es über die Aufnahmekapazität des Zuhörers hinausgeht. Fragen Sie nach, wenn Sie unsicher sind, ob das Feedback fortgesetzt werden soll. Sagen Sie Stopp, wenn es Ihnen als Feedback-Nehmer zu viel wird oder zu schnell geht.
- Erwarten Sie bei kritischem Feedback keine Freudensprünge oder Lobeshymnen. Manche Menschen grenzen sich zunächst reflexartig ab, bevor sie sich mit den Inhalten beschäftigen können. In jedem Fall muss Ihr Gegenüber das Gesagte zunächst verdauen.

Dank und Wertschätzung

Die bisherige Anleitung gilt insbesondere für schwieriges Feedback. Bei Dank und Wertschätzung sind zusätzliche Aspekte zu beachten.

- Die meisten Menschen tun Lob gerne ab. Achten Sie also darauf, ob Ihr Gegenüber Ihre Wertschätzung hört und versteht. Die Mimik verrät, wie das Gesagte ankommt.
- Sorgen Sie für Verschnaufpausen. Laden Sie dazu ein, Ihrem Feedback nachzuspüren, bevor das Gespräch weiterläuft.
- Berichten Sie von Beispielen.
- Erzählen Sie, welche Bedürfnisse sich durch das Verhalten des anderen erfüllen.

Auf diese Weise sichern Sie ab, dass wesentliche Elemente des positiven Feedbacks hängen bleiben und Ihr Gegenüber versteht, was genau Ihnen gutgetan hat.

Ja, aber … Gleichzeitig …

Kap. 33

Kaum eine Übung vermittelt das „Wunder“ des Aktiven Zuhörens plastischer als die Übung „Ja, aber … Gleichzeitig …“. Wir haben sie bei Monika Oboth kennen- und schätzen gelernt. Die Übung funktioniert exzellent mit Teilnehmern, die noch keinerlei Kommunikationstraining absolviert haben. Aber auch Fortgeschrittene profitieren, wenn sie die Auswertungsfragen nutzen, die wir der Übung hinzugefügt haben.

Die Übung „Ja, aber … Gleichzeitig …“ simuliert ein Streitgespräch und zwei unterschiedliche Arten des Zuhörens. Sie ist in zwei Teilübungen untergliedert. Jeder Übungsteil wird einzeln ausgewertet. Als Material wird ein großer Stapel mit Moderationskarten benötigt. Außerdem hat sich ein lauter Signalton bewährt (Gong, Zimbel, Klangschale …), mit dem das Trainerteam die Aufmerksamkeit zu sich zurückholt.

Teil 1: „Ja, aber ...“

Jeweils zwei Teilnehmer setzen sich an der Ecke eines Tisches einander gegenüber. Jeder Teilnehmer hält einen Stapel Moderationskarten in der Hand (jeder ca. zehn Karten). Die Karten symbolisieren ihre Argumente. Die Teilnehmerpaare einigen sich auf ein Thema, über das sie kontrovers diskutieren möchten. Die Übung funktioniert nur, wenn es eine Meinung A und eine Meinung B gibt, die sich gegensätzlich gegenüberstehen.

Tipp

Manche Teilnehmer brauchen ziemlich lange, um ein kontroverses Thema zu finden. Helfen Sie den Teilnehmern, indem Sie ihnen eine vorgefertigte Liste mit Themen zur Verfügung stellen, über die man endlos streiten kann.

Beispiel: Die Teilnehmer streiten sich über den Sinn einer Helmpflicht für Fahrradfahrer.

In der ersten Übungsrunde wird eine klassische Rechthaberei mit dem Zauberwort ABER simuliert. Teilnehmer A führt ein Argument für seine Meinung ins Feld. Während er spricht, legt (oder knallt) er eine seiner Moderationskarten auf den Tisch.

A: „Ich möchte meine Kinder vor Kopfverletzungen schützen, deshalb bin ich für die Helmpflicht“.

Teilnehmer B wischt nun mit Kraft die Karte vom Tisch, sodass diese auf dem Boden fällt. Dann legt (oder knallt) er sein Gegenargument auf den Tisch. Sein eigenes Argument leitet er mit der Redewendung „Ja, aber ...“ ein.

B: „Ja, aber Forschungen haben ergeben, dass der Fahrradverkehr bei Helmpflicht abnimmt. Das kann ja wohl nicht das Ziel sein.“

Nun ist Teilnehmer A an der Reihe, das Vorgänger-Argument vom Tisch zu fegen und ein weiteres Argument ins Feld zu führen. Die Übungsleiter beenden die erste Übungsrunde nach vier bis fünf Argumenten.

Auswertung

Stellen Sie nach jeder der beiden Übungsrunden sicher, dass die Teilnehmer ihr Gesprächsverhalten reflektieren und das Gelernte verankern. Folgende Fragen schlagen wir Ihnen für die Auswertung vor:

1. Was haben Sie auf körperlicher Ebene gespürt? Wie hat sich die Diskussion für sie angefühlt?
2. Wie zufrieden sind sie mit dem Gespräch auf inhaltlicher Ebene?

In der Regel beschreiben die Teilnehmer zunehmenden Stress und abnehmende Bereitschaft, sich gegenseitig zuzuhören. Während der andere spricht, munitioniert man sich bereits mit den nächsten Gegenargumenten. Der Graben zwischen den Gesprächsteilnehmern wird immer tiefer, die Verbindung geht verloren. Das Einzige, was zählt, ist „gewinnen". Damit bestätigt dieser Teil der Übung die gängige Alltagserfahrung mit Diskussionen.

Teil 2: „Gleichzeitig ..."

Wir laden die Teilnehmer dazu ein, in der zweiten Runde das Thema zu wechseln. Dadurch wird die Übung lebendiger. Wenn wir die Übung erklären, verwenden wir jedoch dasselbe Thema zweimal. Die Unterschiede zwischen den Varianten werden so besser sichtbar. Anstatt sich mit „Ja, aber …" zu begegnen, verwenden die Teilnehmer in dieser Runde die Redewendung „Gleichzeitig …".

Teilnehmer A spricht sein erstes Argument aus und legt eine Moderationskarte auf den Tisch, die sein Argument symbolisiert.

> A: „Ich möchte meine Kinder vor Kopfverletzungen schützen, deshalb bin ich für die Helmpflicht".

Teilnehmer B nimmt diese Karte auf und hält sie vor sich in der Hand. Dann fasst B zusammen, was er bei A verstanden hat.

> B: „Ich habe verstanden, dass es dir um den Schutz deiner Kinder geht. Ein Helm würde dir ein paar Sorgen von den Schultern nehmen. Stimmt das?"

Sofern A die Zusammenfassung bejaht, legt B die Karte von A vor sich auf den Tisch und eine eigene Karte dazu. Sein eigenes Argument leitet B mit der Redewendung „Gleichzeitig …" ein.

> B: „Gleichzeitig warnen Fahrradfahrer-Verbände, dass der Radverkehr bei der Einführung einer Helmpflicht abnimmt. Statistisch steigt die Unfallrate, weil Radfahrer dadurch weniger wahrgenommen werden."

Jetzt fasst A das Argument von B zusammen.

> A: „Du befürchtest also, dass die Unfallhäufigkeit bei einer Helmpflicht zunimmt? Dein Anliegen ist also ebenfalls der Schutz der Radfahrer?"

Lassen Sie auch dieses Spiel einige Minuten laufen, damit die Teilnehmer Erfahrungen sammeln.

Zweite Auswertungsrunde

Stellen Sie in der zweiten Auswertungsrunde dieselben Fragen wie nach der ersten. Oft wird zurückgemeldet, dass die Unterhaltung von gegenseitigem Interesse und Respekt geprägt war. Auch der körperliche Stress geht deutlich zurück. Manchmal finden die Teilnehmer innerhalb von wenigen Minuten eine gute Lösung, obwohl das nicht das Ziel dieser Übung ist. Doch Menschen, die sich gut gegenseitig zuhören, können eben nur schwer ihre Feindbilder aufrechthalten.

Vorschläge für Konfliktthemen

- Fahrrad-Helmpflicht
- Kino-Abonnement oder Heimkino-Anlage
- Auslandseinsätze der Bundeswehr
- Rauchverbot in Kneipen und Restaurants
- Fliegen (ökologischer Fußabdruck)
- Daten sammeln für Terrorbekämpfung
- vegetarisch, vegan oder mit Fleisch
- Kreuzfahrt-Reisen
- Bioladen oder Lidl
- aktuelle Streiks: Verständnis oder Ärger
- öffentliche Ausgaben für Fußballübertragungen und Olympia
- E-Book oder gedrucktes Buch
- politische Sanktionen aufrechterhalten oder beenden
- Religion, Agnostizismus oder Atheismus
- Schule: früher oder später Beginn
- Steuererhöhung für Spitzenverdiener
- Haltung von Giraffen im Zoo
- Wiederansiedlung von Wölfen in Europa

Kap. 34

Indirekte Gefühlsäußerungen ansprechen

Wenn Sie die Übungen zu den Gefühlen und zur „Mimikresonanz“ erfolgreich ausprobiert haben, wird Ihnen das Ansprechen indirekter Gefühlsäußerungen deutlich leichter fallen. Bei dieser Übung (wie auch bei den Übungen „Angriffe gegen die eigene Person übersetzen“ und „Konfliktvermittlung mit 1. Hilfe-Empathie“) wird ein rotes Tuch als Hilfsmittel eingesetzt. Das rote Tuch wurde von Monika Oboth für das Training im Umgang mit starken Gefühlsäußerungen eingeführt.

Bei Übungen mit dem roten Tuch wird gewöhnlich mit drei Personen (Falleinbringer, Zuhörer, Beobachter) gearbeitet.

Übungsanleitung

Der Falleinbringer denkt an eine Situation, in der er ein starkes Gefühl erlebt hat. Er stellt sich vor, er würde genau in diesem Augenblick einem unbeteiligten Menschen begegnen.

Beispiele

- Ich habe im Meeting eine unangenehme Aufgabe übertragen bekommen. Anschließend treffe ich im Kopierraum eine befreundete Kollegin.
- Ich habe mich über den Nachbarn geärgert, der am frühen Sonntagmorgen den Rasen mäht. Ich begegne meiner Frau / meinem Mann in der Küche.
- Ich komme mit dem elektronischen Hotelschlüssel nicht zurecht. Es ist mir peinlich und ich ärgere mich, weil ich noch eine Verabredung habe. Ein Page kommt aus dem Aufzug und erkennt mein Problem.

Der Falleinbringer stellt sich auf ein rotes Tuch (aus Stoff oder Papier). Das Tuch symbolisiert den Ort der starken Gefühle. Sein Übungspartner – der Zuhörer – versucht nun Kontakt mit dem stark emotionalisierten Falleinbringer aufzubauen. Dafür muss er beobachten, zuhören und Übersetzungsarbeit leisten.

Weil wir in dieser Übung speziell das Übersetzen indirekter Gefühlsäußerungen trainieren möchten, zeigt der Falleinbringer auf dem roten Tuch zunächst ausschließlich körpersprachlich, wie es ihm geht. Im Beispiel mit dem Meeting steht der Falleinbringer mit verschränkten Armen und gepressten Lippen (also mit unterdrücktem Ärger) vor dem Kopierer. Er lässt sich als Rollenspieler richtig in die Emotion fallen. Zeigen Sie Ihren Frust, Ihren Ärger oder Ihre Enttäuschung. Sprechen Sie Ihre Gefühle aber zunächst nicht aus.

Der Zuhörer steht vor dem roten Tuch und spricht den Falleinbringer auf seine Emotionen an. Er versucht mit der Person auf dem roten Tuch in Kontakt zu kommen. Er versucht zu verstehen, welche Anliegen den Falleinbringer bewegen. Wie im wirklichen Leben entwickelt sich allmählich ein Dialog. Je mehr Kontakt entsteht, desto mehr geht der Falleinbringer vom roten Tuch herunter. Wenn er sich ganz verstanden fühlt, verlässt er das rote Tuch und beendet die Übung mit dem Signalwort „Bingo".

Beispiel

ZUHÖRER: Guten Morgen, Elke. Du siehst irgendwie genervt aus. Deute ich das richtig? Was ist denn passiert?

FALLEINBRINGER: Ach vergiss es. Ist eigentlich wie immer.

ZUHÖRER: Oha! Handelt es sich um einen Dauerfrust? Was genau hat ihn ausgelöst? Und warum empört dich das so?

FALLEINBRINGER: Ich habe schon wieder ein neues Projekt aufgedrückt bekommen. Dabei mache ich sowieso schon jeden Tag Überstunden.

ZUHÖRER: Aha. Der Frust hängt mit dem Meeting zusammen. Fühlst du dich überlastet? Würdest du dich gerne mehr abgrenzen? Oder geht es dir eher um Wertschätzung für deine Leistung?

FALLEINBRINGER: Ich fühle mich von Woche zu Woche müder. Wertschätzung kriege ich ohne Ende, aber das macht mich auch nicht fitter.

ZUHÖRER: „Das hört sich an, als seist du am Limit deiner Kraft. Brauchst du Erholung? Bist du frustriert, weil du dich in diesem Punkt nicht durchsetzen konntest? Oder wütend, weil du möchtest, dass deine Grenzen respektiert werden?

FALLEINBRINGER: Beides gleichzeitig. Ich habe den Eindruck, wir werden hier wie Automaten behandelt. Höchstens mal eine Reparaturpause. Ich Trottel mache das Ganze mit.

ZUHÖRER: Du klingst richtig verzweifelt. Ich höre da eine ganz tiefe Sehnsucht, dass irgendjemand die Reißleine zieht, um deine Gesundheit zu schützen. Entweder deine Abteilung oder du selbst. Richtig?

FALLEINBRINGER: Genau. Jetzt, wo du es sagst, wird mir noch klarer, wie wichtig mir das ist. Bingo!

Körpersprachliches Spiegeln

Nutzen Sie bei allen Rote-Tuch-Übungen die Technik des körpersprachlichen Spiegelns. Drücken Sie alle Gefühle, die Sie als Zuhörer bei der Person auf dem roten Tuch heraushören, auch körpersprachlich aus. Ballen Sie die Hände, wenn Sie von der Wut Ihres Gegenübers sprechen. Legen Sie die Stirn in Falten, wenn Sie über dessen Trauer reden. Lächeln Sie mit, wenn sich Ihr Gegenüber freut und entspannt. Zeigen Sie mit Mimik und Gestik, dass Sie Ihren Gesprächspartner verstehen. Durch körpersprachliches Spiegeln schaffen Sie mehr Vertrauen als durch jedes gesprochene Wort.

Mangelland – Fülleland

Kap. 35

Unsere Sprache beeinflusst die inneren Bilder, die unser Handeln lenken. Deshalb nutzt die Gewaltfreie Kommunikation eine positive Sprache. Der Begriff „positiv“ bedeutet in diesem Zusammenhang, dass wir die Aufmerksamkeit auf unsere Bedürfnisse richten und die Möglichkeiten ausloten, wie wir unsere Bedürfnisse befriedigen können.

Der Satz „So kommen wir nicht weiter“ kann eine bleierne Schwere ins Meeting tragen. Es handelt sich um eine Negativformulierung. Die meisten Menschen hören solche Sätze als Schuldzuweisung. Im Gegensatz dazu beinhaltet die Alternativformulierung „Ich werde langsam nervös, weil ich mir heute auf jeden Fall ein Ergebnis wünsche. Hat jemand eine Idee, wie wir einen Schritt weiterkommen?“ ein Gefühl, ein Bedürfnis und eine Bitte. Sie lenkt die Gedanken auf das Ziel der Bedürfnisbefriedigung. Darum geht es in dieser Übung.

Eine positive Sprache ist nicht mit Schönfärberei zu verwechseln. Der Satz „Schade, dass wir nicht weiterkommen, aber morgen ist ja immer noch ein Tag“ lenkt von der aktuellen Frustration und dem Wunsch nach einem Methodenwechsel ab. Er spiegelt nicht wider, worum es dem Sprecher in Wirklichkeit geht.

Die Trainerkollegin Monika Oboth verwendet die Begriffe „Mangelland“ und „Fülleland“, um zwischen Negativformulierungen und einer positiven Sprachwahl zu unterscheiden. Sie können das Übersetzen von Mangelland-Formulierungen in Fülleland-Formulierungen mithilfe des roten Tuchs trainieren. Üben Sie dabei – wie gehabt – mit drei Teilnehmern: Falleinbringer, Rollenspieler, Beobachter.

Übungsablauf

Der Falleinbringer erzählt seiner Kleingruppe, welche Mangelland-Formulierung er zuletzt zu hören bekommen hat. Er beschreibt dem Rollenspieler die Person, von der die Mangelland-Formulierung stammt. Der Rollenspieler stellt sich auf das rote Tuch und fühlt sich in die Rolle dieser Person ein. Dann äußert er die Mangelland-Formulierung gegenüber dem Falleinbringer.

Der Falleinbringer übersetzt die Mangelland-Formulierung in das dahinter verborgene Anliegen. So wird aus der Mangelland-Formulierung eine Fülleland-Formulierung. Wenn der Falleinbringer das verborgene Anliegen treffend umformuliert hat und sich der Rollenspieler gut verstanden fühlt, tritt der Rollenspieler vom roten Tuch herunter und signalisiert durch das Wort „Bingo“, dass die Übung beendet ist.

Beispiel

Die Falleinbringerin hat dem Rollenspieler davon erzählt, wie sich ihr Kollege neulich darüber beschwert hat, dass die Kopiervorlagen angeblich nie pünktlich geliefert würden. Der Rollenspieler fühlt sich kurz in die Rolle des 51-jährigen Teamleiters ein.

ROLLENSPIELER (ärgerlich): Nie werden die Kopiervorlagen pünktlich geliefert.

FALLEINBRINGER: Bist du so sauer, weil du dir Verbindlichkeit bezüglicher der Materiallieferungen wünschst?

ROLLENSPIELER (noch gereizter): Wie würdest du dich fühlen? Natürlich! Ich habe morgen keine Zeit für die Vervielfältigung.

FALLEINBRINGER: Das Ganze hat also zwei Aspekte, wenn ich dich richtig verstehe. Erstens bist du genervt, weil du dir Verlässlichkeit wünscht. Zweitens bist du unsicher, wie du die Kopien jetzt noch hinkriegen kannst. Das löst bei dir Stress aus. Korrekt?

Rollenspieler (aufmerksam): Ja stimmt. Und ich habe es dem Typ schon dreimal gesagt.

Falleinbringer: Kann es sein, dass dein Hauptärger damit zusammenhängt, dass deine Bitten zu keiner Veränderung geführt haben? Geht es dir dabei um Respekt gegenüber deinen eigenen Tagesplanungen? Ist damit auch das Thema Autonomie verknüpft?

Rollenspieler (richtet sich auf): Genau. Der Kollege bestimmt durch seine Verspätung über meinen Tag. Und wenn ich dann nicht springe, sehe ich gegenüber meinen Vorgesetzten alt aus. Das möchte ich nicht und das werde ich dem jetzt auch mal in aller Deutlichkeit sagen. Ich wünsche mir Respekt gegenüber meiner Tagesplanung und Wertschätzung als gleichberechtigter Projektpartner. Vielen Dank für das Zuhören, das hat mir jetzt sehr geholfen.

Kap. 36

Ich sattle meine Giraffe

Auf das Wortspiel „Ich sattle meine Giraffe …" hat uns der Trainerkollege und Arzt Gerhard Lorenz gebracht. Es handelt sich dabei um das alte Kinderspiel „Ich packe meinen Koffer …", das wir in unseren Trainings benutzen, um Bedürfnisbegriffe zu memorieren. Anstatt „Ich packe meinen Koffer und nehme mit: Quietsche-Entchen, Schmetterlingsnetz, Kontinuum-Transfunktionator …" heißt es jetzt: „Ich sattle meine Giraffe und nehme mit: Struktur, Erholung, Autonomie …"

An diesem Spiel können drei bis fünf Personen teilnehmen, die sich im Kreis aufstellen oder hinsetzen. Teilnehmer A nennt ein Bedürfnis: „Ich sattle meine Giraffe und nehme mit: Integrität." Teilnehmer B merkt sich das und fährt fort: „Ich sattle meine Giraffe und nehme mit: Integrität und Erfolg." Teilnehmer C prägt sich die Begriffe ein und ergänzt: „Ich sattle meine Giraffe und nehme mit: Integrität, Erfolg und Sicherheit."

Die Teilnehmer üben so lange, bis die Energie nachlässt oder das Gedächtnis erschöpft ist. Dabei darf beliebig gescherzt und gealbert werden. Wir benutzen das Spiel, um zwischen größeren Themenblöcken einen kurzen spielerischen Akzent zu setzen oder um das Bedürfnisvokabular aufzufrischen, wenn komplexe Übungen, die mit Einfühlung verbunden sind, anstehen.

Das Sechs-Stühle-Modell der GFK

Kap. 37

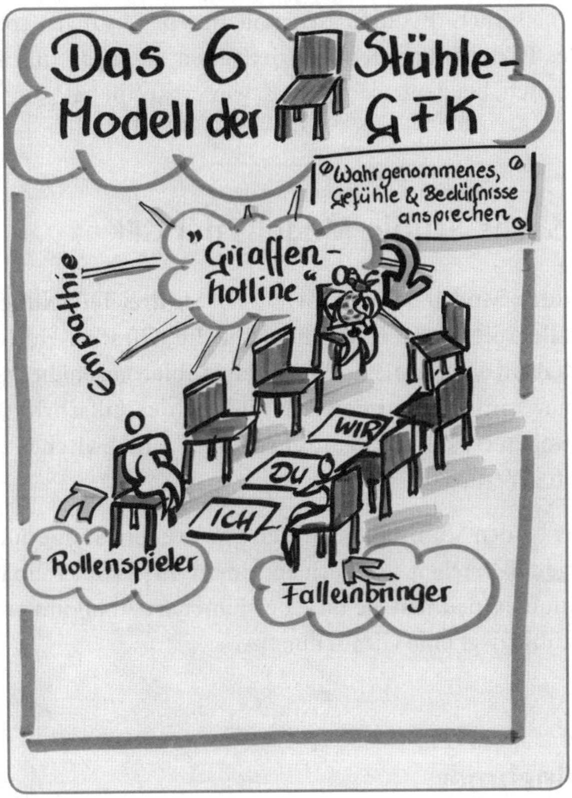

Das Sechs-Stühle-Modell der GFK nutzt in Wirklichkeit acht Stühle und ist eine der anspruchsvollsten Übungen im Kanon der Gewaltfreien Kommunikation. Es ist keine Übung für Anfänger und sollte unseres Erachtens im Beisein von mindestens einem erfahrenen GFK-Anwender oder Trainer ausprobiert werden.

Das Sechs-Stühle-Modell dient der Vor- oder Nachbereitung eines schwierigen Dialogs. Es ist so herausfordernd, weil sich dabei zwei Ebenen verschränken, die jeweils für sich genommen schon einiges Können erfordern:

1. der flexible und permanente Wechsel zwischen 1) Selbstempathie, 2) Empathie für andere und (3) bedürfnisorientiertem Verhandeln
2. der konstante Fokus auf die vier Schritte der Gewaltfreien Kommunikation

Die daraus hervorgehende „Matrix“ bildet die Gesprächsrealität ziemlich gelungen ab. In der Wirklichkeit spielt sich Gewaltfreie Kommunikation permanent auf beiden Ebenen ab. Wir hören zu und achten dabei auf Beobachtungen, Gefühle, Bedürfnisse und Bitten unseres Gesprächspartners. Dann berichten wir von eigenen Beobachtungen, Gefühlen, Bedürfnissen und Bitten. Lösungen sollen auf den Bedürfnissen beider Parteien basieren, Zufriedenheit erzeugen und klar formulierte Absprachen enthalten, bei denen jeder weiß, was er zu tun hat.

Aufbau des Sechs-Stühle-Modells der GFK

Für das Sechs-Stühle-Modell der GFK benötigen Sie drei Teilnehmer: einen Falleinbringer, einen Rollenspieler und eine Person, die die „Giraffen-Hotline“ übernimmt. Drei Stühle werden auf einer Linie drei weiteren Stühlen gegenübergestellt. Zwischen das erste Stuhlpaar wird ein laminiertes Schild mit der Aufschrift „ICH“ ausgelegt, zwischen dem zweiten eins mit der Aufschrift „DU“ und zwischen dem dritten eins mit der Aufschrift „WIR“.

Am Kopfende der beiden Stuhlreihen werden zwei weitere Stühle aufgestellt, die sich nicht frontal gegenüberstehen, sondern in einem 45°-Winkel einander zuwenden (die genaue Position entnehmen Sie bitte der Flipchart-Abbildung und dem Video). Auf einem der Stühle liegt eine Giraffenpuppe.

Rolle der Teilnehmer

Der Falleinbringer nutzt die Übung, um ein misslungenes Gespräch zu reflektieren oder ein schwieriges anstehendes Gespräch vorzubereiten. Er weist den Rollenspieler in seine Rolle ein. Dafür beschreibt er Alter, Geschlecht, soziale Merkmale und Eigenarten des Gesprächspartners. Der Falleinbringer setzt sich auf den „ICH“-Stuhl der ersten Stuhlreihe. Er sucht das Gespräch mit dem Rollenspieler und strebt einen bedürfnisorientierten Dialog und die Klärung seines Anliegens an.

Der Rollenspieler setzt sich auf den „ICH“-Stuhl der zweiten Stuhlreihe und lässt sich ganz auf seine Rolle ein. Er beteiligt sich auf Basis der Rollenbeschreibung an der Gesprächsführung des Falleinbringers. Er bezieht dabei aber auch seine natürlichen Resonanzen ein. Mitentscheidend für den Erfolg des Gespräches ist, ob ihn die Gesprächsführung des Falleinbringers erreicht.

Der Teilnehmer, der die „Giraffenhotline“ übernimmt, setzt sich auf den Stuhl mit der Giraffe. Er greift sich die Giraffe und steht dem Falleinbringer für klärende Empathieprozesse zur Verfügung. Immer dann, wenn der Falleinbringer nicht mehr weiter weiß, darf er auf den Stuhl gegenüber der Giraffen-Hotline wechseln und den aktuellen Gesprächsverlauf reflektieren. Das Rollenspiel wird in dieser Zeit „eingefroren“. Der Rollenspieler hält sich aus diesen Dialogen heraus und reagiert auch später nicht auf die dort gemachten Aussagen.

Ablauf des Sechs-Stühle-Modells der GFK

Der Falleinbringer führt das Gespräch mit dem Rollenspieler. Auf der „ICH“-Ebene erzählt er von seinen Beobachtungen, Gefühlen, Bedürfnissen und Bitten. Auf der „DU“-Ebene fasst er zusammen, was er beim Rollenspieler verstanden hat. Der Falleinbringer versucht möglichst nach jeder Aussage des Rollenspielers dessen Aussage zusammenzufassen, bevor er auf die „ICH“-Ebene zurückwechselt. Dabei erhöht sich sein Verständnis für den Rollenspieler. Seine eigenen Aussagen nehmen Bezug auf das neue Wissen, und das Gesprächsklima verändert sich positiv.

Hierbei kommen dem Falleinbringer die Erfahrungen aus der „Ja-aber-…-Gleichzeitig-…“-Übung zugute. Würde er nach jeder Aussage des Rollenspielers gleich auf die „ICH“-Ebene wechseln, würde das wie ein permanentes „Ja, aber …“ wirken. Grade wenn das Gesprächsthema heikel ist, findet auf der „DU“-Ebene der „Tanz auf dem Vulkan“ statt, wie wir ihn in den Übungen „Indirekte Gefühlsäußerungen aufnehmen“, „Vom Mangelland ins Fülleland“ und „Angriffe gegen die eigene Person übersetzen“ beschreiben.

Der Rollenspieler muss sich nicht auf den Stühlen bewegen, wenn die echte Person, deren Rolle er übernommen hat, über keine GFK-Erfahrungen verfügt. Erst wenn sich ein Klima des gegenseitigen Interesses einstellt und erste Lösungsideen für den Konflikt geboren werden, wechseln beide Teilnehmer auf die „WIR“-Ebene. Das Rollenspiel endet, wenn eine Lösung erarbeitet wurde oder den Teilnehmern die Puste ausgeht.

Funktion der GFK-Hotline

Die GFK-Hotline übt, pure Empathie auszustrahlen. Wenn der Falleinbringer verzweifelt und aufgebracht zur GFK-Hotline wechselt, erhält er von der „Giraffe“ Einfühlung. Sie fasst zusammen, was sie beim Falleinbringer wahrnimmt (hört, sieht, fühlt ...). Dabei spricht sie gezielt dessen Gefühle an und spekuliert, worum es dem Falleinbringer auf der Bedürfnisebene geht: „Bist du frustriert, weil es deiner Wahrnehmung nach nicht weitergeht und du dir so sehr wünschst, dass ihr Verständnis füreinander entwickelt?“ „Bist du verletzt? Würdest du gerne mehr Respekt spüren, z. B. in Form einer anderen Wortwahl?“

So groß die Versuchung auch ist: Die GFK-Hotline ist keine Sozialberatung, kein Anwaltsbüro und kein Mitverschwörer-Syndikat. Tipps und Ratschläge haben auf dem Stuhl der Giraffe nichts zu suchen. Der Falleinbringer findet eigene gute Ideen, wenn er sich mithilfe der GFK-Hotline sortiert hat.

Hinweise

- Achten Sie darauf, dass der Rollenspieler seine Rolle nicht übertreibt. Für den Falleinbringer ist der andauernde Ebenen-Wechsel sehr herausfordernd. Auch wenn nicht alles komplikationslos abläuft: Wichtig ist, dass der Rollenspieler positive Entwicklungen zulässt, wenn das Gesagte eine reale positive Reaktion bei ihm auslöst.
- Optimal ist die Begleitung durch einen erfahrenen GFK-Anwender oder Trainer. Diese Person kann das Rollenspiel anhalten, wenn der Falleinbringer deutliche Zeichen der Überforderung zeigt oder vergisst, zwischen den Ebenen zu wechseln bzw. die vier Schritte der GFK einzubeziehen.
- Laminierte Karten und eine Giraffe sind hilfreich. Sie können das Sechs-Stühle-Modell der GFK jedoch auch jederzeit spontan zusammenbasteln, wenn zumindest ein Moderationsmarker und Papier für die Kennzeichnung der Ebenen zur Hand sind.

Mitfühlen, mitleiden, sympathisieren

Kap. 38

Marshall B. Rosenberg weist in vielen Vorträgen auf die Unterschiede zwischen Empathie und Sympathie hin. Während Sympathie für Zuneigung steht, umfasst Empathie die Fähigkeit und Bereitschaft, einen anderen Menschen zu verstehen. Dafür brauche ich diesen Menschen nicht zu mögen.

Empathie wird in der Alltagssprache nicht nur mit „Sympathie", sondern auch mit „Mitleid", „intellektuellem Verständnis" und vielen anderen Reaktionsmustern verwechselt. Damit Ihnen dieser Fehler nicht unterläuft, bieten wir eine Übung an, die die Unterscheidung erleichtert und den Blick für echte Empathie schärft.

Übungsablauf

Drucken und laminieren Sie Karten mit den Überschriften „Einfühlung“, „Mitleid“, „Rat anbieten“, „Korrigieren“ (oder „Belehren“), „Eigene Geschichten erzählen“, „Intellektuelles Verständnis“, „Verhören“, „Trösten“ und „Noch eins draufsetzen“. Geben Sie jedem Übungsteilnehmer eine oder mehrere Karten in die Hand.

Ein Freiwilliger erinnert sich an ein Ereignis zurück, das ihn emotional mitgenommen hat. Er erzählt in ein oder zwei Sätzen von dem Ereignis. Die übrigen Teilnehmer antworten nacheinander passend zur der Regie-Anweisung, die sie in der Hand halten.

Beispiel: „Ich muss heute mit dem Zug nach Sylt und in drei Tagen von dort nach Ingelheim. Anschließend geht es wieder zurück nach Berlin. Eben habe ich gehört, dass die Bahn schon wieder streikt.“

„Sympathie“: „Ich weiß, du wirst das schaffen. Du hat immer einen Plan B – wie Old Shatterhand!“

„Mitleid“: „Schon wieder? Ich werde die ganze Nacht an dich denken und kein Auge zudrücken. Wie komme ich bloß morgen aus dem Bett?“

„Rat anbieten“: „Es gibt ein neues Busunternehmen. Die sind zwar jetzt wahrscheinlich schon ausgebucht, aber die App kannst du dir ja trotzdem mal runterladen.“

„Korrigieren“: „Der Zug nach Sylt wird ja gar nicht von der Bahn betrieben. Richtig dicke Probleme kriegst du erst ab Hamburg.“

„Eigene Geschichten erzählen“: „Dazu sage ich nur: Kapstadt 1973. Ein Bergarbeiterstreik legte die Strecke nach Port Elisabeth lahm. Ich allein unter 100 wütenden schwarzen Bergleuten. Als Erstes habe ich mir eine Zigarette gedreht. Man muss immer cool bleiben, weißt du? Dann ...“

„Intellektuelles Verständnis“: „Das ist natürlich logistisch recht komplex. Deine Pläne sind aus Sicht der Chaostheorie relativ störanfällig. Du kannst aber nichts dafür. Menschen wie du sind das letzte Glied in einer großen Kette.“

„Verhören“: „Du warst doch auch mal ein Linker, oder? Wie stehst du zu den Forderungen der Arbeiter? Oder ist dir deren Schicksal inzwischen scheißegal? Wählst du jetzt FDP?“

„Trösten“: „Kopf hoch, Mädel. Alles ist zu irgendwas gut. Vielleicht lernst du am Bahnhof den Mann deines Lebens kennen. Ich hör ihn schon auf seinem weißen Schimmel anreiten.“

„Noch eins draufsetzen“: „Hoffentlich nutzen die Piloten die Situation nicht aus. Der ADAC hat schon gemeldet, dass auf der Autobahn heute die längsten Staus der Geschichte erwartet werden.“

„Einfühlung (Empathie)“: „Du bist wahrscheinlich jetzt voll nervös und fragst dich, ob das klappen wird, oder? Brauchst du noch irgendwelche Informationen?“ „Du siehst traurig aus. Bist du enttäuscht, weil du alles gut organisiert hattest? Gibt es einen Weg, wie du dich auch jetzt noch absichern kannst?“ „Bist du ängstlich, was du deinen Geschäftspartnern sagen sollst? Oder sorgst du dich eher um deinen Kräftehaushalt, wenn dieses Hin und Her die ganzen kommenden Tage weiter an deinen Nerven zehrt? Hast du Ideen, wie du dir zwischendurch Erholung verschaffen kannst?“

Kap. 39

Angriffe gegen die eigene Person übersetzen

Bei Angriffen auf die Persönlichkeit laufen Gespräche besonders schnell aus dem Ruder. Negativfeedbacks werden leider oft in Form von Schuldzuweisungen abgegeben. Besonders unangenehm wirkt das im Beisein von Dritten. Den meisten Menschen fällt es schwer, in solchen Momenten empathisch zu reagieren.

Dabei sind Angriffe gegen die eigene Person häufig „Gold in schmutziger Verpackung“. Unser Gegenüber spricht aus, was ihm nicht gefällt. Er wählt dafür eine destruktive Form und riskiert eine Beziehungsstörung. Doch immerhin äußert er sich. Gesprächspartner, die ihre Ziele erst offenbaren, wenn wir ihnen den Rücken zuwenden, sind mitunter gefährlicher.

Meistens steckt hinter unappetitlichen gegenseitigen Angriffen die vage Angst, auf anderen Wegen nicht gehört und verstanden zu werden. Aus innerer Not (z.B. bei einem Ehestreit) oder aufgrund von Handlungsdruck (z.B. bei Entscheidungen im Meeting) steigt der Stresspegel. Alles, was die eigene Durchsetzungsfähigkeit blockiert, wird ausgeblendet. Die Evolution stellt uns für Konfliktfälle ein emotionales Turbo-Aggregat zur Verfügung, damit die eigene Art überlebt. Leider sind wir – um im Bild zu bleiben – damit für den Alltag leicht übermotorisiert.

Empathie als Deeskalationsstrategie

Viele solcher Situation lassen sich deeskalieren, wenn es uns gelingt, eine Verbindung zum Angreifer aufzubauen. Das ist nicht einfach, denn Aggression geht mit ausgeprägtem Richtig-falsch-Denken einher. Richtig-falsch-Denken löst intensive Emotionen wie Ärger oder Angst aus, was wiederum den nötigen Perspektivwechsel verhindert.

Deeskalierend wirkt in solchen Situationen, wenn wir die Bedürfnisse unseres Gegenübers nachvollziehen und benennen können. Was für ein Motiv steckt hinter dem Angriff? Was ist unserem Gegenüber so wichtig, dass er dafür zu verletzenden Formulierungen greift und die Beziehung aufs Spiel setzt?

Paradoxerweise funktioniert es in diesem Moment nur selten, einfach nach den Bedürfnissen zu fragen. Als Reaktion auf die Frage „Was brauchen Sie?“ oder „Um welches Bedürfnis geht es dir?“ erntet man im Konfliktfall oft nur Erklärungen und Diagnosen: „Was ich brauche? Dass Sie – verdammt noch mal – nicht so einen Mist in das Gutachten schreiben“ oder „Lass mich mit diesem Psycho-Gelaber in Ruhe“.

Grund für solche Antworten ist mangelndes Vertrauen, dessen Quelle wiederum negative Erfahrungen sind. Wer oft missachtet oder bestraft wurde, wenn er für seine Bedürfnisse eintrat, neigt dazu, anderen reflexartig Desinteresse oder manipulative Absichten zu unterstellen. Es handelt sich dabei nicht um das Problem einiger weniger Menschen, sondern um das herrschende gesellschaftliche Schema.

Gute Argumente gehen bei mangelndem Vertrauen zum einen Ohr hinein und zum anderen wieder hinaus. Das Gehirn des Empfängers ist auf Kampf eingestellt und auf „Ja, aber …“ programmiert. Vernunft und gesunder Menschenverstand erreichen leider nur den linken Teil des Gehirns, der gerade nicht für den Gesprächsprozess zuständig ist. Knüpfen Sie deshalb lieber an die Aktivitäten der emotionaleren rechten Gehirnhälfte an, die das Gespräch aktuell steuert.

Verbindung entsteht genau in dem Moment, wenn der Angreifer spürt, dass sein Gegenüber wirklich fühlen kann, was er gerade erlebt. Sie machen ihm dadurch ein unglaubliches Geschenk. Alle Menschen wünschen sich von Geburt an Verständnis und Neugier gegenüber den eigenen Anliegen. Wenn Sie die Gefühle Ihres Gegenübers an sich heranlassen, ist das ein Zeichen der Wertschätzung und des Respekts.

Doch der Empathie-Prozess geht weiter. Weil unangenehme Gefühle immer auf unerfüllte Bedürfnisse verweisen, können Sie jetzt vielleicht bereits darauf schließen, welche verborgene Ich-Botschaft hinter dem Angriff steht. Die Stärke der Emotionen zeigt das Ausmaß des Mangels. Wenn keine akute Gefahrenlage vorliegt, brauchen Sie sich also nicht vor starken Gefühlen zu fürchten. Im Gegenteil: Die Art des Angriffs liefert Ihnen detaillierte Informationen, wie Sie den Dialog beginnen können.

Da alle Bedürfnisse dem Leben dienen, können Sie das Verhalten Ihres Gegenübers jetzt in einem anderen Licht sehen. Sie können das Gesagte unabhängig von der eigenen Person und dem eigenen Verhalten neu betrachten. Sie können sich für seine Bedürfnisse interessieren, ohne sich für den Mangel verantwortlich oder zu einer Verhaltensänderung verpflichtet zu fühlen. „Verstehen bedeutet nicht, einverstanden zu sein." Kein Mensch kann erwarten, dass andere immer mit seinen Forderungen einverstanden sind. Aber jeder darf erhoffen, dass ihm zumindest zugehört wird. Und genau das tun Sie grade.

In dem Moment, in dem Ihr Gegenüber spürt, dass Sie fühlen können, wie es ihm geht, und dass Sie verstehen, was für ein Anliegen damit verknüpft ist, nimmt sein Stress ab. Der Stress normalisiert sich auf einem Niveau, auf dem ein ehrlicher Dialog wieder möglich ist und auf dem auch Sie über Ihre Anliegen sprechen können. Sie erleben die Rückkehr zum bedürfnisorientierten Verhandeln.

Beispiel

Sie verändern die Arbeitsaufgaben in Ihrer Abteilung. Ein Mitarbeiter greift Sie an, indem er Ihnen mangelndes Verständnis für die reale Arbeitssituation vorwirft. Sie könnten jetzt Ihre Diplome und Zertifikate zücken. Sie könnten von 17.000 Stunden Erfahrung berichten. Oder Sie können erfragen, was seinen Unmut schürt: „Sind Sie skeptisch, ob ich über bestimmte kritische Informationen verfüge, die man Ihrer Ansicht nach kennen muss, wenn die Arbeitsabläufe wirklich besser werden sollen?" „Sind Sie genervt, weil Sie darauf warten, zu den geplanten Umstrukturierungen ein Feedback abgeben zu können?"

Das Training mit dem roten Tuch

Deeskalation fängt damit an, dass mindestens eine von zwei Streitparteien aus der Endlosspirale der gegenseitigen Vorwürfe aussteigt und sich für die Motive seines Gegenübers zu interessieren beginnt. Wir empfehlen dafür eine Variante des Aktiven Zuhörens. Mithilfe des roten Tuchs können Sie direkten empathischen Kontakt auch unter erschwerten Bedingungen trainieren. Diese Form des empathischen Dialogs nennen wir den „Tanz auf dem Vulkan".

An der Übung beteiligen sich ein Falleinbringer, ein Rollenspieler (Angreifer) und ein Begleiter.

Übungsablauf

Der Falleinbringer erzählt der Kleingruppe von einer Situation, in der er verbal angegriffen wurde. Er instruiert den Rollenspieler, wie die Person aufgetreten ist, die ihn angegriffen hat. Wenn Sie echte eigene Beispiele wählen, wird das den Lernerfolg steigern.

Beispiel

- Ein Elternteil wird von seinem Kind angemeckert, weil das Abendessen nicht schmeckt.
- Die Kompetenz einer Lehrerin wird von einem Schüler infrage gestellt.
- Ein Therapeut wird von der Chefärztin wegen seiner Methodik gerügt.
- Eine Sachbearbeiterin wird in der Teambesprechung von einer Kollegin kritisiert.

Die Kleingruppe breitet das rote Tuch auf dem Fußboden aus. Der Rollenspieler stellt sich auf das rote Tuch und fühlt sich in die Rolle ein. Dann greift er den Falleinbringer verbal an. Der Falleinbringer stellt sich vor das rote Tuch und versucht durch seine Gesprächsführung in einen empathischen Kontakt mit dem Rollenspieler zu kommen. Der Begleiter beobachtet das Geschehen und macht sich ggf. Notizen. Wenn der Falleinbringer nicht mehr weiter weiß, kann der Begleiter ihm durch ein kurzes Zwischengespräch zu neuen Impulsen verhelfen.

Aufgabe von Falleinbringer und Rollenspieler

Sobald der Rollenspieler ihn verbal angreift, versucht der Falleinbringer zu verstehen, wie sich der Angreifer fühlt und welche unerfüllten Bedürfnisse ihn zu dem Angriff bewegen. Er äußert seine Hypothesen im Frageton. Er nutzt das Aktive Zuhören und die Technik der empathischen Spekulation.

Der Falleinbringer zeigt durch seine Position auf dem roten Tuch, wie sehr er sich verstanden fühlt und wie stark die Verbindung zwischen den Gesprächsteilnehmern gewachsen ist. Während des Angriffs steht der Angreifer voll auf dem roten Tuch. Je besser sich der Kontakt anfühlt, desto mehr rückt er vom roten Tuch ab. Wenn er sich voll verstanden fühlt, tritt er ganz vom roten Tuch herunter und signalisiert das Ende der Übung durch das Codewort „Bingo".

Eine Lösung muss nicht erarbeitet werden. Bei dieser Übung geht es um einen Empathieprozess unter erschwerten Bedingungen, nicht um ihre Problemlösungskompetenz. Als Faustregel gilt: Das Problem lässt sich einfacher lösen, wenn die Beziehung zwischen den Streitparteien geklärt ist.

Beispiel

ANGREIFER *(in genervtem Tonfall)*: Ich habe gelesen, dass du dein Seminar für 300,- EUR pro Teilnehmer anbietest. In unseren Abmachungen steht, dass der Mindestpreis 449,- EUR beträgt. Was soll das also? Ich brauche da Klarheit.

FALLEINBRINGER: Du bist verärgert, oder? Geht es dir nur um Klarheit oder möchtest du vor allem auch deine Preise schützen?

ANGREIFER: Sowohl als auch. Wir haben eine schriftliche Vereinbarung. Ich verhandle selbst mit Kunden in diesem Landkreis. Wieso hältst du dich nicht an die Regeln?

FALLEINBRINGER: Du hast den Eindruck, dass ich mich nicht an die Verabredung halte und dir geht es dabei um deine finanzielle Sicherheit und das Thema Verlässlichkeit, oder? Ich sehe, wie entrüstet und enttäuscht du bist. Möchtest du, dass ich dir zu dieser Seminarsache etwas sage?

ANGREIFER: Ja, sag mal was dazu. Was soll das?

FALLEINBRINGER: Ganz ehrlich: Bis du mich darauf angesprochen hast, wusste ich nichts davon, dass der Seminaranbieter das Seminar für 300 Euro ausschreibt. Ich habe mit ihm einen Tagessatz vereinbart, der unseren Abmachungen entspricht. Ich bin jetzt selbst überrascht und auch unsicher, wie ich damit umgehen soll. Ich brauche ein bisschen Bedenkzeit, verstehst du das?

ANGREIFER: Aha. Na gut, das erklärt die Sache. Was schlägst du vor, wie es weitergeht? *Der Angreifer geht vom roten Tuch runter und sagt: „Bingo".*

Fehlerquellen

Vermeiden Sie als Falleinbringer langatmige Erklärungen, bevor der Angreifer Vertrauen in Ihre zugewandte Haltung gefasst hat. Solange die Emotionen das Gespräch beherrschen, führen Erklärungen nur dazu, dass der innere Druck des Angreifers weiter zunimmt. Beachten Sie den Grundsatz: Empathie vor Erklärung!

Vermeiden Sie GFK-Belehrungen als Reaktion auf Vorwürfe: „Klarheit ist kein Bedürfnis, sondern ein Bedürfniserfüller für dein Bedürfnis nach Schutz". Oder: „Kannst du dich bitte in den vier Schritten der Gewaltfreien Kommunikation ausdrücken?" Wenn Sie wie ein GFK-Roboter auftreten, sollten Sie vorher eine gute Lebensversicherung abschließen. Nichts macht Leute so wild wie überhebliches und inkongruentes Auftreten.

Achten Sie darauf, dass Sie Empathie nicht mit Sympathie verwechseln: „Dieser Anbieter macht uns wirklich die Preise kaputt ..." Wenn Sie den Angreifer tiefer in seine Schuldzuweisungen treiben, füttern Sie den Wolfsanteil in ihm. Dieser Wolf wendet sich schnell auch wieder gegen Sie selbst.

Kap. 40

Konfliktvermittlung mit Erster-Hilfe-Empathie

Wer diese Übung beherrscht, kann aufflammende Konflikte deeskalieren, bevor sie die ganze Gruppe erreichen. Stellen Sie sich dazu ein Meeting mit acht Personen, eine Kindergarten-Gruppe, eine Elternversammlung oder eine Geburtstagsfeier vor, bei der ein Streit ausbricht. Bereits in einem frühen Stadium der Eskalation können Sie Ihr GFK-Know-how einbringen und einen Beitrag leisten, um die Gespräche in produktive Bahnen zu lenken. Man wird es Ihnen danken!

Vorbereitung der Übung

Diese Übung können Sie mit drei bis zehn Personen durchführen. Sie benötigen eine grüne Moderationskarte und zwei rote Tücher (alternativ: zwei rote Moderationskarten). Die Gruppe einigt sich über die Art der Zusammenkunft (wer sitzt hier zusammen, worum geht es gerade) und legt ein Thema fest, über das gestritten wird. Außerdem einigt sich die Gruppe darüber, wer als Erstes vermittelt (Vermittler) und zwischen welchen Teilnehmern der Streit ausbricht (Streitparteien A und B).

Die grüne Karte wird vor den Vermittler gelegt. Die roten Tücher liegen vor den Streitparteien. Es hat sich bewährt, wenn die Rollen weit im Kreis verteilt sind und nicht nebeneinander sitzen. Ein weiterer Teilnehmer übernimmt die Rolle des Sitzungsleiters, der die Zusammenkunft anmoderiert.

Ziel der Übung ist, dass der Vermittler lernt, wie man mehrere Streitparteien wertschätzend „abholt" und wie man eine emotionale und kontroverse Diskussion deeskaliert und strukturiert.

Durchführung der Übung (Beispiel)

Die gesamte Teilnehmergruppe beginnt ein normales Gespräch, wie es in der gespielten Situation ablaufen könnte.

> SITZUNGSLEITER: Ich freue mich, dass alle pünktlich eingetroffen sind. Heute geht es ja thematisch um den Konflikt, der durch unsere letzte Pressemitteilung ausgelöst wurde. Ich schlage vor, wir machen erst mal eine Meinungsrunde dazu.

Die Teilnehmer beginnen mit dem üblichen Austausch von Meinungen. Plötzlich verschärft sich der Ton durch einen Beitrag von Streitpartei A, auf den Streitpartei B reagiert.

> STREITPARTEI A: Herr Maier hatte gar kein Recht diese Pressemeldung herauszugeben. Als Vertreter der Presseabteilung habe nur ich das Recht dazu. Eine Frechheit ist das!
>
> STREITPARTEI B: Frau Müller, von Ihnen hört man ja nur, wenn Ihre eigenen Leute etwas falsch gemacht haben. Ihr Job ist es aber, auf die Politik der Landesregierung zu reagieren, nicht auf uns selbst.

Allmählich verstummen die anderen Anwesenden, während A und B sich einen „Ja-aber-…"-Schlagabtausch liefern. Währenddessen macht sich der Vermittler ein Bild davon, worum es den Beteiligten eigentlich geht. Dann beginnt er mit seiner Übersetzungsarbeit.

> VERMITTLER: Liebe Kollegen! Ich spüre, dass Sie alle sehr ärgerlich sind. Ich möchte kurz zusammenfassen, was ich bisher verstanden habe. Frau Müller: Geht es Ihnen um die Strukturen und die damit verbundenen Zuständigkeiten? Sie möchten sich sicher sein, dass unsere Organisation ein einheitliches Bild nach außen abgibt. Richtig? Herr Maier: Ich habe den Eindruck, dass Sie sich eine aktivere politische Positionierung in der Öffentlichkeit wünschen. Der Status quo hat bei Ihnen Ärgner ausgelöst. Habe ich Sie da korrekt verstanden?

Möglichweise wird der Vermittler noch ein- bis zweimal korrigiert werden. Ab einem bestimmten Punkt der Klarheit kann er einen Vorschlag zum weiteren Verfahren machen.

> VERMITTLER: Liebe Kollegen: Ich schlage vor, dass wir das Thema aufgreifen und Ihre Positionen festhalten, indem wir sie an der Stellwand visualisieren. Anschließend lassen wir alle anderen Kollegen mit einer ersten Meinungsäußerung zu Wort kommen. Einverstanden?

Die sechs Schritte zur Deeskalation im chronologischen Ablauf

Schritt 1: Lassen Sie die Auseinandersetzung eine kurze Weile lang laufen, damit Sie sich ein Bild von den Hauptpositionen machen können. Worum geht es den Betroffenen?

Schritt 2: Welche Aussagen wiederholen sich? Welche Bedürfnisse sind damit verknüpft? Welche Gefühle sind im Spiel? Wie wirken die Streitparteien? Bereiten Sie die Worte vor, mit denen Sie den Konflikt unterbrechen werden.

Schritt 3: Unterbrechen Sie den Streit mit einem lauten und deutlichen Stopp-Signal. Oft hilft es, dabei aufzustehen oder sich vorzubeugen und dadurch auch optisch die Aufmerksamkeit auf sich zu ziehen. Unterstreichen Sie das Stopp-Signal mit Händen und Armen durch eine trennende Geste: „Stopp!“, „Okay!“, „Meine Damen und Herren …“.

Schritt 4: Die Streitparteien schauen Sie jetzt an. Benennen Sie zunächst ein Gefühl oder Bedürfnis, das die Parteien miteinander verbindet: „Sie sind alle beide sehr verärgert, sehe ich das richtig?“ „Sie wollen beide, dass Ihnen zugehört wird, nicht wahr?“ Das darauf folgende „Ja!“ lenkt die Energie in eine neue Richtung.

Schritt 5: Sie haben die volle Aufmerksamkeit der Streitparteien. Richten Sie Ihre Worte jetzt nacheinander an Teilnehmer A und B. „Frau Maier, Ihnen geht es um …“, „Herr Müller, bei Ihnen habe ich gehört, dass …“ Schauen Sie den Streitparteien dabei ins Gesicht. Stellen Sie eine Prüffrage: „Richtig?“ Falls jetzt Korrekturen oder „Ja-aber-…“-Einwände kommen, wiederholen Sie Schritt 5, indem Sie die Korrekturen auf den Punkt bringen. Sobald die Streitparteien mit Ihrer Zusammenfassung einverstanden sind, können Sie einen Strukturvorschlag zum weiteren Vorgehen machen.

Schritt 6: Unterbreiten Sie den Teilnehmern einen Angebot, wie das Gespräch konstruktiv und strukturiert weitergeführt werden kann. Beziehen Sie die Beteiligten in die Entscheidung mit ein, indem Sie um ein „Go“ bitten: „Ich möchte Ihnen einen Vorschlag machen, wie wir das Gespräch auf eine Weise fortsetzen können, dass alle damit zufrieden sind. Einverstanden?“ Sobald die Gruppe mit dem Strukturvorschlag einverstanden ist, ist die Übungsrunde abgeschlossen.

Anschließend wird die Rolle des Vermittlers an den linken Nachbarn weitergegeben und auch die Rollen der Streitparteien wandern eine Position nach links. Die Übungsrunde wird mit neuen Themen so lange fortgesetzt, bis jeder einmal an der Reihe war.

Konfliktvermittlung mit 1.-Hilfe-Empathie
Übung
1. Schritt: Laufenlassen
2. Schritt: Intervention innerlich vorbereiten
V
A
B
Rotes Tuch
3. Schritt: Stopp-Signal setzen verbal & körpersprachlich
STOP!
„Stopp“/„Okay“/„Moment“/„Meine Damen & Herren“
4. Schritt: verbindendes Gefühl & Bedürfnis benennen
„Sie beide sind sehr aufgebracht…?“
„Sie möchten beide dringend, dass … Richtig?“
5. Schritt: Nacheinander Konfliktparteien A + B adressieren
„Frau Maier, Ihnen geht es um… Richtig?“
„Herr Müller, bei Ihnen habe ich gehört, dass …“
6. Schritt: Angebot an die Gruppe machen zur konstruktiven, strukturierten Fortsetzung des Gesprächs

Celebration of Life

Kap. 41

Die Übung „Celebration of Life“ („das Leben feiern“) lenkt unsere Aufmerksamkeit auf die vielen schönen Dinge, die uns täglich begegnen, aber unserer bewussten Wahrnehmung entgehen. Ein Beispiel: Wenn Ihnen Ihr Lebensabschnittsgefährte morgens Ihre Lieblingstasse hinstellt, löst das Freude in Ihnen aus. Warum eigentlich? Weil es Sie vielleicht an einen genialen Urlaub erinnert. Ein Gefühl von Leichtigkeit und Glück steigt in Ihnen auf, wenn Sie nach der Tasse greifen. Aber wann haben Sie Ihrem Partner zum letzten Mal dafür gedankt, dass er Ihnen morgens eine solche Freude bereitet? War es Ihnen je so bewusst wie in diesem Moment?

Menschen neigen dazu, schöne Dinge schnell abzuhaken und schrecklichen Ereignissen lange nachzuhängen. Das hat negative Auswirkungen auf unser Leben. Erstens sinkt das Lebensgefühl und darunter leidet wiederum die Gesundheit. Zweitens fokussieren wir uns auf den Mangel, anstatt über unsere Möglichkeiten nachzudenken. Um eine Aufwärtsspirale auszulösen, müssen wir uns bewusst darüber werden, was uns guttut und auf welchen Wegen uns Erfolge gelingen. Dabei hilft uns die Übung „Celebration of Life“, die Marshall B. Rosenberg bekannt gemacht hat.

Ein Ritual für den Alltag

Wir empfehlen Ihnen, die Übung „Celebration of Life“ als festes Ritual in Ihrem Alltag zu verankern und dabei auch die Gruppen einzubeziehen, mit denen Sie arbeiten. Wir Trainer reflektieren mit dieser Übung jeden unserer Trainingstage. Als Projektleiter können Sie mit dieser Übung gemeinsam mit Ihrem Team einen Auftrag abschließen. Als Klassenlehrer können Sie die Übung am Schuljahresende mit Ihren Schülern durchführen. Sie können die Übung auch allein jeden Tag vor dem Einschlafen durchführen.

Unserer Erfahrung nach wachsen Gruppen durch dieses Ritual enger zusammen. Es fördert eine Kultur der gegenseitigen Wertschätzung. „Celebration of Life“ ist eine der Lieblingsübungen in unseren Seminaren, weil sich die Teilnehmer dabei berührt und erfreut fühlen. Es wirkt wie ein Spezialdünger für gute Energie.

Ablauf der Übung

Denken Sie an den vergangenen Tag, die letzte Woche, Ihr Projekt oder einen anderen Zeitraum zurück. Was ist in dieser Zeit passiert, das in Ihnen Freude ausgelöst hat? Füllen Sie das nachfolgende Formular aus. Nutzen Sie dabei die Listen mit Gefühlen und Bedürfnissen. Dabei werden Ihnen vielleicht Details auffallen, die Sie so bisher noch nicht auf dem Schirm hatten.

Frage 1: Erinnern Sie sich an eine Person zurück, deren Verhalten in Ihnen Freude ausgelöst hat.

- Schritt 1: Was hat diese Person genau getan?
- Schritt 2: Welche Gefühle hat das in Ihnen ausgelöst?
- Schritt 3: Welche Bedürfnisse waren in diesem Moment erfüllt?
- Schritt 4: Fällt Ihnen dazu eine Bitte an sich selbst oder an jemand anderen ein?

Frage 2: Erinnern Sie sich an eine Sache oder ein Ereignis zurück, die bzw. das bei Ihnen Freude ausgelöst hat.

- Schritt 1: Was ist ganz konkret passiert?
- Schritt 2: Welche Gefühle hat das in Ihnen ausgelöst?
- Schritt 3: Welche Bedürfnisse waren in diesem Moment erfüllt?
- Schritt 4: Fällt Ihnen dazu eine Bitte an sich selbst oder an jemand anderen ein?

Frage 3: Erinnern Sie sich an einen Augenblick zurück, in dem Sie sich selbst eine Freude bereitet haben.

- Schritt 1: Was haben Sie genau gemacht?
- Schritt 2: Welche Gefühle hat das in Ihnen ausgelöst?
- Schritt 3: Welche Bedürfnisse waren in diesem Moment erfüllt?
- Schritt 4: Fällt Ihnen dazu eine Bitte an sich selbst oder an jemand anderen ein?

Variationen

Sie können diese Übung allein oder in einer Gruppe durchführen. Wenn Sie in einer Gruppe üben, können Sie sich Ihre Ergebnisse gegenseitig vorlesen. Indem Sie Ihre Freude teilen, entstehen Gemeinschaft und eine fröhliche Grundstimmung.

Celebration of Life
Welche Situation bzw. Situationen aus Deinem Leben möchtest Du feiern ... ?
Person
Sache
Dich selbst
Beobachtung
Gefühl
Bedürfnis
Bitte
... die in Dir Freude ausgelöst hat ?

GFK-Witze

Im Laufe der Zeit haben wir eine Reihe von Witzen gesammelt, die zum Thema GFK passen. Diese Witze können Sie an passender Stelle in Ihren Seminaren einbringen. Die Arbeit mit Konflikten ist anstrengend genug. Teilnehmer freuen sich, wenn es nicht immer bierernst zugeht. Die Sammlung wird übrigens auf der Website ↗ http://www.empathie.com laufend aktualisiert. Schauen Sie mal rein, es lohnt sich. Wir hoffen, Sie können unser Gefühl für Humor teilen …

Die Todesliste (Thema „Bitten“)

Große Aufregung im Wald! Es geht das Gerücht um, der Bär habe eine Todesliste erstellt. Die Waldbewohner fragen sich, wer wohl alles auf dieser Liste steht.

Als Erster nimmt der Hirsch allen Mut zusammen, geht zum Bären und fragt: „Entschuldige Bär, stehe ich auch auf deiner Liste?“ Der Bär holt einen Zettel aus seinem Pelz und antwortet ohne zu zögern: „Ja, Hirsch, du stehst auf meiner Liste.“ Voller Angst dreht sich der Hirsch um und läuft weg. Und tatsächlich: Nach zwei Tagen wird der Hirsch tot aufgefunden.

Die Angst der Tiere steigt und die Gerüchteküche brodelt. Dem Wildschwein reißt als Nächstes der Geduldsfaden. Es sucht den Bären und fragt ihn, ob es auch auf der Liste steht. „Ja, auch du stehst auf meiner Liste“, antwortet der Bär. Verschreckt verabschiedet sich das Wildschwein vom Bären. Man findet es zwei Tage später tot auf einer Lichtung.

Jetzt bricht im Wald nackte Panik aus. Nur ein kleines Häschen bleibt gelassen. Es sucht den Bären und stellt die berüchtigte Frage: „Hey Bär, ähm, stehe ich auch auf deiner Liste?“ Der Bär schaut nach und brummt: „Ja, auch du stehst auf meiner Liste!“ Das Häschen richtet sich auf: „Kannst du mich bitte streichen?“ „Streichen?“, fragt der Bär. „Ja klar, kein Problem!“

Der Mantel (Thema „Beobachtung“)

Die Garderobiere einer Berliner Bar hat ein ausgezeichnetes Gedächtnis. Selten gibt sie Nummernmarken aus. Ein Gast erlaubt sich einen Scherz: „Sind Sie ganz sicher, dass das mein Mantel ist?“ „Dett nich“, antwortet die Garderobiere in festem Ton, „aba et is der Mantel, den Se mia jejeben ham!“

Beim Psychiater (Thema „Beobachtung“)

Der Psychiater zeichnet einen senkrechten Strich auf einem Blatt, das er seinem Patienten zeigt: »Woran denken Sie dabei?“ „An nackte Weiber“, antwortet der Patient.

Der Psychiater zeichnet einen Kreis. „Und woran denken sie hierbei?“ „An nackte Weiber!“, antwortet der Mann.

Der Psychiater zeichnet einen Stern. „Und dabei?“ „An nackte Weiber natürlich.“

Der Psychiater legt den Bleistift aus der Hand und sagt: „Ich habe den Eindruck, nackte Frauen sind eine fixe Idee bei ihnen.“ „Bei mir? Wer hat denn das ganze obszöne Zeug gemalt!?“

Der Golfclub (Thema „Beobachtung“)

Drei Frauen spielen an einem heißen Sommertag eine Runde Golf. Am 8. Loch sonnt sich ein nackter Mann auf dem Green, der noch rasch mit einer Zeitung sein Gesicht verdeckt. Da sagt die eine Frau: „Im ersten Augenblick dachte ich, es sei mein Mann.“ „Das hätte ich dir gleich sagen können, dass er das nicht ist“, antwortet die zweite. Die dritte sieht noch mal kurz hin und sagt dann: „Der ist überhaupt nicht aus unserem Golfclub.“

Unfallsache (Thema „Recht haben oder glücklich sein?“)

In der Verhandlung um eine Unfallsache hört der Schlichter die erste Streitpartei an. Nach einem kurzen Moment des Nachdenkens sagt er: „Sie haben recht.“ Dann ist die andere Streitpartei an der Reihe. Wieder denkt der Schlichter nach und findet: „Sie haben recht.“ Daraufhin gehen beide Streitparteien auf den Schlichter los: „Wir können doch nicht beide recht haben!" Der Schlichter denkt ein drittes Mal nach und kommt zu dem Ergebnis: „Sie haben recht."

Satzzeichen retten Beziehungen (Thema: „Bitten")

„Was willst du schon wieder?"

Auf dem Oktoberfest (Thema „Beobachtung")

Auf dem Oktoberfest schlendert ein kleines Mädchen zur Polizeiwache und fragt: „Guten Tag, Herr Wachtmeister, haben Sie vielleicht eine Mutter ohne ein kleines Mädchen wie mich gesehen?"

Giraffe und Hase (Thema „Giraffen")

Eine Giraffe und ein Häschen unterhalten sich. Sagt die Giraffe: „Häschen, wenn du wüsstest, wie schön das ist, einen langen Hals zu haben. Das ist sooo toll! Jedes leckere Blatt, das ich esse, wandert langsam meinen langen Hals hinunter und ich genieße diese Köstlichkeit sooo lange."

Das Häschen guckt die Giraffe ausdruckslos an. „Und erst im Sommer, Häschen, ich sag dir, das kühle Wasser ist so köstlich erfrischend, wenn es langsam meinen langen Hals hinuntergleitet. Das ist sooo schön, einfach toll, einen so langen Hals zu haben. Häschen, kannst du dir das vorstellen!?"

Häschen ohne Regungen: „Schon mal gekotzt?"

Giraffe und Maulwurf (Thema „Giraffen")

Was ergibt eine Kreuzung aus einer Giraffe und einem Maulwurf? Einen Bohrturm!

Der Heißluftballon (Thema „Schuldzuweisungen")

Ein Mann in einem Heißluftballon hat sich verirrt. Er geht tiefer und sichtet eine Frau am Boden. Er sinkt noch weiter und ruft: „Entschuldigung, können Sie mir helfen? Ich habe einem Freund versprochen, ihn vor einer Stunde zu treffen, und ich weiß nicht, wo ich bin."

Die Frau am Boden antwortet: „Sie sind in einem Heißluftballon in ungefähr 10 m Höhe über Grund. Sie befinden sich zwischen 40 und 41 Grad nördlicher Breite und zwischen 59 und 60 Grad westlicher Länge." „Sie müssen Ingenieurin sein", sagt der Ballonfahrer. „Bin ich", antwortet die Frau, „woher wussten Sie das?" „Nun", sagt der Ballonfahrer, „alles, was Sie mir sagten, ist technisch korrekt, aber ich habe keine Ahnung, was ich mit Ihren Informationen anfangen soll. Außerdem weiß ich immer noch nicht, wo ich bin. Offen gesagt, waren Sie keine große Hilfe. Sie haben höchstens meine Reise noch weiter verzögert."

Die Frau antwortet: „Sie müssen im Management tätig sein." „Ja", antwortet der Ballonfahrer, „aber woher wussten Sie das?" „Nun", sagt die Frau, „Sie wissen weder, wo Sie sich befinden, noch wohin Sie fahren. Sie sind aufgrund einer großen Menge heißer Luft in Ihre jetzige Position gekommen. Sie haben ein Versprechen gemacht, von dem Sie keine Ahnung haben, wie Sie es einhalten können, und erwarten von den Leuten unter Ihnen, dass sie Ihre Probleme lösen. Tatsache ist, dass Sie in exakt der gleichen Lage sind wie vor unserem Treffen, aber jetzt bin irgendwie ich schuld!"

Glühbirne wechseln (Thema „Veränderung")

Wie viele Psychologen braucht man, um eine Glückbirne auszuwechseln? Einen. Aber die Glühbirne muss auch wollen!

Fluchtversuch (Thema „Verantwortung für das eigene Handeln")

Auf einem einsamen Highway in den USA will ein Porsche-Besitzer die Beschleunigung seines Wagens testen. Kaum ist er losgebraust, sieht er ein Polizeimotorrad aus einem Versteck hervorkommen. Er überlegt für einen kurzen Moment, Gas zu geben, entschließt sich dann doch anzuhalten, da er sich nicht sicher ist, ob der Polizist sein Kennzeichen gesehen hat.

„Das wird jetzt ziemlich unangenehm!“, belehrt ihn der Polizist. „Das war ein klarer Fluchtversuch.“ „Wieso“, fragt der Porschefahrer, „ich habe doch angehalten?“ „Wissen Sie“ entgegnet der Polizist, „ich überwache diesen Highway seit 14 Jahren, und ich weiß, was ein Fluchtversuch ist, und dann höre ich immer wieder diese dummen Ausreden. Aber ich gebe Ihnen jetzt noch eine Chance. Wenn Ihnen eine Ausrede einfällt, die ich in den 14 Jahren noch nicht gehört habe, dann lasse ich Sie laufen.“

Der Fahrer überlegt und erzählt dann folgende Geschichte: „Wissen Sie, vor fünf Jahren ist mir meine Frau weggelaufen, und zwar mit einem Highway-Polizisten. Und für einen kurzen Moment habe ich geglaubt, Sie bringen sie mir zurück!“

Verlustmeldung (Thema „Beobachtung“)

Ein Mann geht zur Polizei: „Meine Frau hat mich verlassen“. Der diensthabende Wachtmeister zückt ein Formular. „Haarfarbe?“ „Oh je“, antwortet der Mann, „braun oder rötlich. Weiß’ nicht genau.“ „Soso. Was hatte sie denn an?“ „Äh, daran kann ich mich leider nicht erinnern.“ Wachtmeister: „Interessant. Seit wann ist sie denn weg?“ „Aufgefallen ist es mir gestern“, druckst der Mann herum. „Vielleicht aber auch schon seit Montag oder Dienstag“.

Der Wachmeister hebt die Augenbrauen: „Wissen Sie wenigstens, auf welche Weise sie los ist? Mit Auto, Bahn oder zu Fuß?“ Die Antwort kommt wie aus der Pistole geschossen: „Mit meinem BMW 320i, 184 PS, Steptronic-Getriebe, Modell Sport Line, Glacier-Silber, 16“ Leichtmetallräder mit V-Speiche. Ledersitze in Dakota-Braun, die Edelholz-Leisten haben einen Perlglanz-Zierstreifen. Reicht das als Beschreibung?“

Der Wachtmeister schließt das Formular und lächelt den Besucher an: „Keine Sorgen, mein Herr. Ich glaube, ich kann Sie beruhigen. Erfahrungsgemäß haben Sie ihr Auto in weniger als einer Woche zurück.“

Abendessen (Thema „Schuldzuweisung“)

Ein junges Ehepaar sitzt beim Abendessen. Der Mann wirkt genervt: „War das Essen wieder aus der Dose?“ „Ja, mein Schatz, und stell dir vor, es war so ein süßer Hund darauf abgebildet und daneben hat gestanden: Für Ihren Liebling!“

Aufgerundet (Thema „Täter-Opfer-Ausgleich“)

In einem Täter-Opfer-Ausgleich-Verfahren geht es um eine Ohrfeige, die ein Mann seinem Nachbarn gegeben hat. Es wird eine Entschuldigung und eine Ausgleichszahlung von 50 Euro vereinbart. Der Mann entschuldigt sich ohne zu zögern beim Nachbarn und zückt seine Brieftasche. Er findet aber nur einen 100-Euro-Schein. Niemand kann wechseln. Da überreicht er dem Nachbarn den Hunderter, gibt ihm noch eine Ohrfeige und sagt: „Stimmt so.“

Anzüglich (Thema „Stopp-Sagen“)

Ein drückend heißer Tag in Berlin. In der S-Bahn sitzt ein Mädchen ohne Strümpfe. Ein älterer Herr macht eine anzügliche Bemerkung: „Fräulein“, sagt er. „Sie haben aber schöne Strümpfe an“. „Weeß ick“, erwidert das Mädchen. „Davon hab ick’n janzes Kleid. Aba det zeige ick Ihn’n nich, Alterchen!“

Hammer (Thema: „Mitgefühl“)

Peter läuft schluchzend zu seiner Mutter: „Papa hat sich mit dem Hammer auf den Finger gehauen.“ „Deshalb musst du doch nicht weinen“, tröstet ihn die Mutter. Daraufhin Peter: „Zuerst habe ich ja auch gelacht …“

Ampel (Thema: „Bedürfnisse“)

An der Ampel ist der Kleinwagen eines Anfängers abgesoffen. Die Ampel zeigt Grün, dann Gelb, dann Rot und dann wieder Grün. Da der Wagen den Verkehr aufhält, tritt ein Polizist hinzu und fragt: „Haben wir denn keine Farbe, die Ihren Geschmack trifft?“

Literaturverzeichnis

Alderfer, Clayton P. (1972): *Existence, Relatedness, and Growth. Human Needs in Organizational Settings.* New York: Free Press.

Bauer, Joachim (2005 / 2008): *Prinzip Menschlichkeit. Warum wir von Natur aus kooperieren.* München: Heyne.

Bauer, Joachim (2005 / 2009): *Warum ich fühle, was du fühlst. Intuitive Kommunikation und das Geheimnis der Spiegelneurone.* München: Heyne.

Bauer, Joachim (2011): *Schmerzgrenze. Vom Ursprung alltäglicher und globaler Gewalt.* München: Blessing.

Belgrave, Bridget / Lawrie, Gina (2003 / 2010): *Das GFK-Tanzparkett. Handbuch für Trainerinnen und Übungsleiterinnen.* Oxford: Life Ressources.

Bryson, Kelly (2009): *Sei nicht nett, sei echt!* Paderborn: Junfermann.

Busch, Simon / Liesenfeld, Dirk (2007): *Tantra-Massage. Die sinnliche Berührung.* Berlin: Tantrazentrum

Eilert, Dirk W. (2013): *Mimikresonanz – Gefühle sehen. Menschen verstehen.* Paderborn: Junfermann.

Eisler, Riane (1987 / 2005): *Kelch & Schwert. Unsere Geschichte, unsere Zukunft. Weibliches & männliches Prinzip in der Geschichte.* Freiamt: Arbor.

Ekman, Paul (2003 / 2010): *Gefühle lesen.* Heidelberg: Spektrum.

Giordano, Mario (2013): 1000 *Gefühle, für die es keinen Namen gibt.* Berlin: Berlin Verlag.

Gonzales, Robert (2011): *Gelebtes Mitgefühl – Living Compassion.* 6 DVDS mit 717 Minuten Laufzeit. Müllheim: Auditorium Netzwerk.

Greenburg, Dan (1966 / 2004): *Die Kunst, sich schlecht zu fühlen.* Frankfurt / Main: Fischer

Kohn, Alfie (2005 / 2010): *Liebe und Eigenständigkeit. Die Kunst bedingungsloser Elternschaft, jenseits von Belohnung und Bestrafung.* Freiburg: Arbor.

KPMG AG Wirtschaftsprüfungsgesellschaft (2009): *Konfliktkostenstudie. Die Kosten von Reibungsverlusten in Industrieunternehmen.* Frankfurt / Main.

Levine, Peter (2011): Sprache ohne Worte. *Wie unser Körper Trauma verarbeitet und in die innere Balance zurückführt.* München: Kösel.

Lie to me (2009 + 2011) Season 1 + 2: Twentieth Century Fox.

Liedloff, Jean (1975 / 2009): *Auf der Suche nach dem verlorenen Glück. Gegen die Zerstörung unserer Glücksfähigkeit in der frühen Kindheit.* München: Beck.

Molcho, Samy (2005): *Körpersprache der Kinder.* Kreuzlingen: Ariston.

Paulus, Georg / Schrotta, Siegfried / Visotschnig, Erich (2010): *Systemisches Konsensieren.* Holzkirchen: DANKE.

Proksch, Stephan (2010): *Konfliktmanagement im Unternehmen.* Springer: Berlin.

Rosenberg, Marshall B. (1999 / 2007): *Gewaltfreie Kommunikation.* Paderborn: Junfermann.

Rosenberg, Marshall B. (2005): *Gewaltfreie Kommunikation in der Familie.* 2 DVDs. Müllheim: Auditorium-Netzwerk.

Rosenberg, Marshall B. (2007): *Konflikte lösen durch Gewaltfreie Kommunikation. Ein Gespräch mit Gabriele Seils.* Freiburg i.Br.: Herder.

Schmid, Tobias J. (2010): *Empathie in der Personalführung. Eine anwendungsbezogene qualitativ-empirische Studie.* Stuttgart: Steinbeis.

Sears, Melanie / Weckert, Al (2011): *Gewaltfreie Kommunikation im Gesundheitswesen.* Paderborn: Junfermann.

Siegel, Daniel / Bryson, Tina (2013): *Achtsame Kommunikation mit Kindern.* Freiburg: Arbor.

Stone, Hal / Stone Sidra (1993 / 2002): *Du bist viele. Das 100-fache Selbst und seine Entdeckung durch die Voice-Dialogue-Methode.* München: Heyne.

Van Stappen, Anne (2009 / 2011): *Warum gehen, wenn du tanzen kannst.* München: Goldmann.

Weckert, Al (2014): *Gewaltfreie Kommunikation für Dummies.* Weinheim: Wiley.

Weckert, Al (2015): *Mimikresonanz DVD.* Müllheim: Auditorium-Netzwerk.

Weckert, Al (Hrsg.) (2012): *Gewaltfreie Kommunikation in der Mediation.* Stuttgart: Concadora.

Weckert, Al / Bähner, Christian / Oboth, Monika / Schmidt, Jörg (2011): *Praxis der Gruppen- und Teammediation.* Mit DVD. Paderborn: Junfermann.

Weckert, Al / Oboth Monika (2011): *Mediation für Dummies.* Weinheim: Wiley-VCH.

Werkstatt für Gewaltfreie Aktion, Baden (Hrsg.) (2004): *Konsens.* Handbuch.

Danksagungen

Geistige und spirituelle Artefakte sind meist das Ergebnis einer langen Entwicklung und die Folge vielfältiger Inspirationen und gegenseitiger Unterstützungsleistungen. Das trifft auch auf das vorliegende Buch und die beigefügte DVD zu. Dafür möchten wir uns bedanken.

Besondere Anerkennung gilt Marshall B. Rosenberg, der unserer Ansicht nach für sein Lebenswerk den Friedensnobelpreis verdient gehabt hätte. Wir kennen unendlich viele Menschen, denen (wie uns selbst) bei der Lektüre Rosenbergs „ein Licht aufgegangen" ist.

Dank gilt auch den Trainerkollegen, die an der Entwicklung der im Buch enthaltenen Übungen beteiligt waren. Diejenigen, die uns bekannt sind, haben wir benannt. Wir denken dabei aber auch die uns unbekannten Kollegen, deren Einfluss sich zwischen den Buchdeckeln wiederfindet. Besonders danken möchten wir Monika Oboth für die Inspiration zu einigen Methoden, die wir hier vorstellen.

Großer Dank gilt insbesondere dem Junfermann-Verlagsleiter Dr. Stephan Dietrich, der nach dem Buch *Tanz auf dem Vulkan* (mit einem beigefügten roten Tuch), dem Trainingsbuch (mit Video) *Praxis der Gruppen- und Teammediation* und der GFK-App *Empathie Navigator* nun zum vierten Mal eine multimediale Zusammenarbeit mit Al Weckert ermöglicht hat.

Ein weiteres Dankeschön gilt unseren Auftraggebern und Teilnehmern, ohne deren Interesse und Feedback wir nicht da stünden, wo wir heute sind. Besonders hervorzuheben ist die Akademie im Park (Wiesloch), die offene Seminare zum Thema GFK, Mediation, Empathie im Führungskontext und Mimikresonanz unter Anleitung von Al Weckert und Verena Hutschenreuter anbietet und in deren Räumen (plus Parkumgebung) die Filmaufnahmen für die vorliegende DVD entstanden sind.

In Dankbarkeit verbunden sind wir auch den Teilnehmerinnen der Filmsequenzen, die sich trotz Kamera voll auf ihre persönlichen Themen eingelassen haben und die nötige Geduld für Moderationspannen und technischen Korrekturen aufbrachten. Auch unser Kameramann hat durch seine positive Ausstrahlung und seine authentische Art sehr viel zum Gelingen beigetragen.

Ebenfalls gedankt sei unseren beruflichen Coaches und Beratern für die Unterstützung bei den vielfältigen Aufgaben rund um diese und ähnliche Produktionen. Wir danken auch den Inspirationsquellen, die wir im Literaturverzeichnis aufgezählt haben.

Der größte Dank gilt unseren Partnern, Kindern und Familien für deren Zusammenhalt in Zeiten berufsbedingter Abwesenheit und die Liebe und Geborgenheit, die wir in ihrer Nähe erleben.

Autor und Trainerteam

Al Weckert

Al Weckert ist Diplomvolkswirt, Trainer für Gewaltfreie Kommunikation und Mediationsausbilder. Er ist Autor zahlreicher Konfliktmanagement-Bücher und DVDs wie *Tanz auf dem Vulkan* (Junfermann), *Gewaltfreie Kommunikation für Dummies* (Wiley), *Mediation für Dummies* (mit Monika Oboth, Wiley) und *Mimikresonanz* (Auditorium Netzwerk).

„Es gibt nichts, was mehr über das Gelingen zwischenmenschlicher Kommunikation entscheidet als die Fähigkeit zur Empathie". Deshalb entwickelt Al Weckert für Unternehmen, die eine empathische Führungskultur und ein nachhaltiges Konfliktmanagement verankern wollen, passende Aus- und Weiterbildungskonzepte.

Kernpunkt seiner Arbeit ist die Förderung einer wertschätzenden Grundhaltung, die auch bei Stress und Veränderungsdruck aufrecht gehalten werden kann. Sein Trainingsunternehmen EMPA|TRAIN© und seine EMPATHIC LEADERSHIP AKADEMIE haben bereits über 1.000 Führungskräfte und Mitarbeiter erfolgreich auf dem Weg zu einer anderen Kommunikationskultur begleitet.

- Diplom-Volkswirt
- Mediator und Mediationsausbilder
- Trainer für Gewaltfreie Kommunikation (Ausbildung bei Monika Oboth, Business Mediation Center)
- Komplementärberater (Unternehmensberatung nach Königswieser)
- Mimikresonanz-Trainer und Moderator für Systemisches Konsensieren

Weiterführende Informationen finden Sie unter ↗ http://www.empathie.com.

Verena Hutschenreuter

Verena Hutschenreuter begleitet mit ihrem Unternehmen HUBECON – humans better connected Einzelpersonen, Teams und Gesamtorganisationen darin, mit sich und ihrer (Unternehmens-)Umwelt besser in Kontakt zu kommen, um ihre Ziele zu erreichen.

Herzstück ihrer Arbeit ist die professionelle Stärkung einer Kultur achtsamer Mitarbeiterführung und Kommunikation. Verena Hutschenreuter unterstützt ihre Kunden als Trainerin, Mediatorin, Coach und Supervisorin dabei, die Qualität ihrer Arbeitsbeziehungen zu verbessern und diese bewusst zu gestalten.

Ihre Coachings und Führungskräfteentwicklungsreihen zielen darauf ab, die eigene Handlungsfähigkeit zu erhalten, wiederherzustellen oder zu erweitern. Mithilfe der Gewaltfreien Kommunikation werden schwierige berufliche Situationen bewältigt und ein strukturiertes und leicht zugängliches Verhaltensrepertoire für Alltagssituationen zur Verfügung gestellt.

- Diplom-Psychologin
- Mediatorin und Mediationsausbilderin (Ausbildung bei Monika Oboth, Business Mediation Center)
- Systemische Organisationsberaterin
- Trainerin für Gewaltfreie Kommunikation und Systemisches Konsensieren
- Supervisorin

Weiterführende Informationen finden Sie unter ↗ http://www.hubecon.de.

Andrea Mergel

Andrea Mergel hat sich in den letzten zwölf Jahren von einer Tellerwäscherin zur Kommunikationstrainerin entwickelt. Während ihrer Zeit in der Gastronomie hat sie viel über Konflikte gelernt und sich klare Ziele gesetzt: Gelassenheit bewahren und gleichzeitig hartnäckig, mitfühlend und bestimmend sein – trotz Arbeitsdruck, Hektik und knapper Zeit.

Der rote Faden, der sich durch ihre Berufsjahre zieht, ist die Kommunikation. Wie und wieso kommunizieren wir auf bestimmte Art mit welcher Intention und welchem Ergebnis? Wie entstehen Konflikte und wie können diese gelöst oder sogar verhindert werden?

Mittlerweile hat sie diese Fragen eingehend durch Studien und Fortbildungen erkundet. Seit 2011 vermittelt sie als Mediatorin in Konflikten, hilft, als Coach Blockaden aufzulösen, und lehrt als Kommunikationstrainerin, auch in schwierigen Situationen handlungsfähig zu bleiben.

- Dipl.-Kunsttherapeutin
- Trainerin für Gewaltfreie Kommunikation (Ausbildung bei Monika Oboth, Business Mediation Center)
- Mediatorin und Mitautorin bei „GFK in der Mediation“ (Concadora)
- Zertifizierter wingwave®-Coach
- Dozentin an der EU|FH Brühl

Weiterführende Informationen finden Sie unter ↗ http://www.andreamergel.de.

#empathie.com

Al Weckert | Empatrain

Alle Seminare beinhalten

- ein Podcast zum jeweiligen Seminar,
- ein kostenloses E-Book zur jeweiligen Thematik,
- eine im Preis enthaltene Trainingsapp „Empathie Navigator",
- ein Empathie Starter-Kit.

Ausbildung

Mediation in Unternehmen und Organisationen

Berufsbegleitende Mediationsausbildung auf Basis von Gewaltfreier Kommunikation (GFK), gestaltet nach den Standards des Bundesverbands MEDIATION (BM). Mit Schwerpunkt „Mediation in Gruppen und Teams".

Seminar

Führen ohne Feinde

Schwierige Führungsaufgaben mit Empathie meistern, Teams auf der Basis gegenseitiger Wertschätzung formen: Werkzeuge für Organisationsentwicklung.

Anmeldung: Akademie im Park, Heidelberger Str. 1a, 69168 Wiesloch, Tel.: 06222 552751, www.akademie-im-park.de, info@akademie-im-park.de

Schwierige Situationen mit Empathie meistern

Mit drei Seminaren zum Zertifikat

Empathie Professional

Seminar

Grundlagen der Gewaltfreien Kommunikation (GFK)

Auseinandersetzungen konstruktiv lösen, Konflikte erfolgreich meistern. Die beliebtesten Basisübungen der GFK, präsentiert mit Humor und Tiefgang.

Seminar

Der Tanz auf dem Vulkan

Intensivtraining für den Umgang mit starken Gefühlsäußerungen und Eskalation in privaten und beruflichen Umgebungen.

Seminar

Mimikresonanz®-Training

Mimikresonanz®-Training speziell für Mediatoren, GFK-Anwender, Berater, Coaches und Therapeuten inkl. Zugang zum Online-Training Mimikresonanz®.

Alle Seminare sind einzeln buchbar.

Gewaltfreie Kommunikation leben

336 Seiten, kart. • € (D) 29,90 • ISBN 978-3-87387-922-5

Auch als E-Book

JANE M. CONNOR &
DIAN KILLIAN

»Verbindung herstellen – Trennendes überbrücken«

Übersetzt von Renate Weitbrecht

Der Prozess der Gewaltfreien Kommunikation ist nicht kompliziert. Damit er seine volle Wirkung entfalten kann, müssen wir jedoch üben, die GFK-Prinzipien wirklich zu leben und nicht nur schematisch anzuwenden. Deshalb bieten die Autorinnen nicht nur eine Einführung in die GFK, sondern zu jedem Schritt Übungen, sodass der Einstieg in die praktische Umsetzung wirklich ganz nahe liegt.

Dr. **Jane Marantz Connor** ist GFK-Trainerin und Initiatorin des New York Intensive Residential Training in Nonviolent Communication.

Dr. Dian Killian ist GFK-Trainerin, Gründerin und Leiterin des Center for Collaborative Communication und Lebensberaterin.

Ausführliche Informationen sowie weitere erfolgreiche Titel zum Thema finden Sie auf unserer Website.

www.junfermann.de

www.junfermann.de